Un "Knockout" por tu bendición

Christian Muñoz Vargas

Un "Knockout" por tu bendición

Autor: Christian Muñoz Vargas

Primera Edición 2023

Ninguna parte de esta publicación podrá ser reproducida, procesada en algún sistema que la pueda duplicar en alguna forma o por cualquier medio electrónico, mecánico, fotocopia, grabada de manera completa o parcial sin el permiso por escrito del autor. Todos los derechos reservados.

Citas bíblicas tomadas de la Santa Biblia, versión Reina-Valera de 1960.

Clasificación: Religioso

Evangelista **Christian Muñoz Vargas**

Teléfono para invitaciones: (787) 210-2726

Email: christianministerio30@gmail.com

Copyright © 2023 Christian Muñoz Vargas

ISBN: 9798397806282

Sello: Independently published

Diseño: Pintados Graphic Desing

CONTENIDO

AGRADECIMIENTOS

DEDICATORIA

PRÓLOGO

ROUND 1: INTRODUCCIÓN

ROUND 2: EL OPONENTE ME ELIGIÓ

ROUND 3: TÚ CONTRA MÍ

ROUND 4: DECIDIDO

ROUND 5: SUENA LA CAMPANA

ROUND 6: APROBADO

ROUND 7: VENCERÁS

ROUND 8: ACTITUD CORRECTA

ROUND 9: MI ESQUINA SE EXPRESA

ROUND 10: ESCRIBE TU FINAL

AGRADECIMIENTOS

Deseo, primeramente, dar gracias a **Dios** por siempre llevarme de la mano durante todo este proceso, nunca abandonarme y darme todas las fuerzas que necesité en los momentos de debilidad. Al **Espíritu Santo,** mi amigo fiel e inspirador, y a **Jesús**, quien murió en la cruz por la sanidad del mundo.

A **Tamar**, mi esposa, quien me ha dado la mano para desarrollar este libro y que, en medio de la tormenta, siempre tenía una palabra de parte de Dios. Te amo, mi reina.

Milkah y **Christian**, mis hijos, fueron mi gasolina y mi compromiso de lucha.

Mi mamá, **Nellie**, que no se perdió una cita ni sesión de quimioterapia y siempre estuvo ahí padeciendo frío e incomodidad. Esas oraciones que hizo por mí Dios las escuchó, a mi papá **Francisco** por todo el apoyo, ayuda y esos momentos donde nos despejamos todos en familia.

A todo hermano, pastor, ministro y personas que levantaron clamor por mí en estos momentos de enfermedad y dificultad. Estoy eternamente agradecido con todos ustedes.

Con todo mi corazón, ¡gracias!

LE DEDICO ESTE LIBRO

A toda persona que ha sido diagnosticada con una enfermedad catastrófica o terminal.

A los que han recibido un diagnóstico de cáncer, SIDA, diabetes, esclerosis múltiple, asma, enfermedades cardíacas, cualquier enfermedad física o mental—sea depresión o ansiedad—o cualquier padecimiento que actualmente la ciencia no ha encontrado cura.

A ti, cuidador, que dejas tus afanes para estar con el paciente en cada cita o tratamiento y sufres casi igual que el paciente.

A ti que no tienes ninguna enfermedad o padecimiento, pero necesitas recibir una inyección de fe y fuerzas para seguir.

Para todos ustedes es la dedicatoria de este libro.

Prólogo

Milagro…, en el diccionario se define como un suceso extraordinario y maravilloso que no puede explicarse por las leyes regulares de la naturaleza y que se atribuye a la intervención de Dios o de un ser sobrenatural. De eso se trata. Se trata de explicar, a través de experiencias vividas, un proceso de un diagnóstico cuyas expectativas humanas de vida eran ínfimas. Todo parecía perdido. Se detuvo el tiempo, la razón tomó lugar, la desesperanza y las noticias estremecedoras llegaron.

Llegó un proceso de manera inesperada y, a la vez, hay que asumir inesperadamente la postura de enfrentar una pelea que se avecina. Una pelea contra la vida, contra un diagnóstico, contra expectativas, contra sinsabores, contra dudas, contra palabras que jamás nuestros oídos desean procesar. Una pelea en la cual no había adiestramiento anticipado. Se aprendía a pelear en el proceso y las experiencias que se esperaban se convertirían en vivencias diarias que serían el mejor entrenamiento para ganar esta pelea.

Un caballero joven con una vida por delante, con una bella familia, con metas, sueños inalcanzables, pero ante un diagnóstico… parecía el "knockout" en su vida. Pareció el fin, pero fue el comienzo de un gran milagro. Cada vivencia de esta pelea contra la enfermedad llamada "cáncer" se transformó en escenarios que se convertirían en cada uno de los relatos que forman este gran escrito. *Un "knockout" por tu bendición* es el proceso vivido y hoy es testimonio del poder sanador de un Dios vivo. Del Dios que no ha cambiado y es capaz de hacer latente su poder en cada *round* de nuestras vidas. Y no cabe duda de que la vida se trata de eso... de procesos y aprendizaje, de reír y de llorar, de caernos y levantarnos, de creer y, también, dudar, de sentir confianza y, a la vez, sentirnos desamparados. Pero en medio de eso, se trata de ver un Dios maravilloso obrando en favor de aquellos que le aman.

Ese es el testimonio de Christian. Se levantó un oponente, lo eligió para una pelea que pensó que ganaría. Se levantó el destruidor (Nahum 2:1), pero guardó la fortaleza y, cuando se levantó el enemigo contra él, el Señor levantó bandera de victoria. Victoria que alcanzó al ser fuerte y valiente en cada *round* que le tocó enfrentar. Fue una decisión, no por vista, no por sentir, no por lo que le correspondía escuchar que resultaba turbador, sino por decisión.

No se rindió y escuchó el sonido de la campana. El sonido del triunfo cruzó su Mar Rojo, cruzó su desierto, derribó sus oponentes, fue el barro tomando forma y procesando la Palabra del Señor... "para que la excelencia del poder sea de Dios, y no de nosotros, que estamos atribulados en todo, mas no angustiados..." (2 Corintios 4:7-8). El resultado del poder manifiesto del Señor fue que sus manos fueron levantadas en señal de aprobación y gloriosa victoria.

Hoy testifica su victoria, su gran sanidad ante un diagnóstico mortal que venció en el nombre del Señor. Venció porque no se rindió ante tantos oponentes.

Un "Knockout" por tu bendición

Asumió una actitud correcta de fe. De eso se trata, de fe y creer el milagro; de la certeza de saber que el eterno lo abrazaba, lo sostenía...y le susurraba "no te rindas ya faltan menos *rounds*".

Nos corresponde creer que en los procesos de enfermedad, situaciones personales, situaciones sociales y situaciones familiares hay uno que pelea a nuestro favor. Te invito a tomar la decisión de no detener la actitud correcta de vencedor para que puedas escribir el final de tu historia. Una historia de bendición e intervención divina. De eso se trata este hermoso escrito que debe provocar en tu vida un desbordamiento de fe, creyendo que el Dios de los milagros no ha cambiado.

Un "knockout" por tu bendición es la expresión clara de un proceso humano, pero intervenido por el gran poder de Dios. Jesucristo es el mismo ayer y por todos los siglos (Hebreos 13:8) y este escrito es testimonio de esta palabra.

Solo cree...tu *Round* "10" es el de la victoria y levantarás las manos demostrando tu milagro y declarándolo a viva voz. Tu bendición ya es real. Espero que puedas atesorar este escrito. También, que puedas decirles a muchos que Cristo venció y ganó cada *round* en la cruz a nuestro favor y nos entregó el "knockout" de la bendición.

Pastora Mildred Zayas
IDDPMI Mariana 2, Humacao

"ROUND" 1
INTRODUCCIÓN

"El corazón del hombre piensa su camino; Mas Jehová endereza sus pasos".

Proverbios 16:9

Alguna vez has pensado: ¿Cómo tu vida puede cambiar en un segundo? ¿Pensaste en algún momento que eres alguien que está realizando todos sus sueños y que nada contrario podría pasar? ¿Sabes? Así me encontraba yo; Dios me había entregado una esposa y compañera de vida y me dio dos hermosos retoños. Profesionalmente, me iba muy bien y tenía en mi mente continuar superándome académicamente. En el ámbito espiritual estaba trabajando como evangelista, en aquel entonces, en Naguabo, Puerto Rico. Dios tenía unos planes escondidos y una pelea planificada que yo no me esperaba.

Mientras Dios me introducía al proceso, pensé en un hombre que tuvo una pelea de varios "rounds", pero, aunque maltrecho y herido, no se soltó hasta que recibió la bendición.

"Así se quedó Jacob solo; y luchó con él un varón hasta que rayaba el alba". Génesis 32:24

Cuando leemos esta hermosa historia de perseverancia y lucha, nos damos cuenta de que hay bendiciones que las tenemos que pelear. Llegarán esos momentos que, como a Jacob, el muslo se nos descoyunta, algo nos dolerá, puede que sea la traición de alguien querido, problemas económicos, tristeza, alguna situación cotidiana o, como en mi caso, una enfermedad. Claro que en la lucha caemos, a veces nuestra mente nos traiciona o, simplemente, no tenemos las fuerzas para levantar las manos y tirar un puño de defensa, nos resta cubrirnos la cara y el cuerpo para evitar que cada golpe haga su efecto. Hay bendiciones que lucharás solo, aunque tal vez rodeado de gente, pero tendrás que enfrentarlas en soledad. Dios entenderá lo que estás atravesando. Créeme, no será una lucha liviana, pero, con Dios de tu lado, saldrás victorioso. Al introducirte en la lectura de este libro, encontrarás un testimonio de cómo, con la ayuda de Dios, pude vencer un diagnóstico médico de un cáncer en etapa cuatro.

En mi lucha aprendí a depender solo de Dios, porque físicamente no tenía fuerzas. Muchas veces pensé que no terminaría mi tratamiento, otras tantas veces solo me tiraba literalmente al suelo a llorar desconsoladamente, porque mi cuerpo y mente no resistían la carga y los efectos secundarios de un tratamiento que era necesario, pero les confieso que para nada agradable. Noches completas en vela donde lo único que hacía era clamar a Dios por fuerzas y misericordia. Siempre deposité mi confianza en Él, las promesas que me había dado y las que se encuentran en su palabra.

El salmista Asaf nos dice: *"Mi carne y mi corazón desfallecen; Mas la roca de mi corazón y mi porción es Dios para siempre"*. Salmos 73:26. Cuando llegan esos momentos de lucha donde no encuentres fuerzas, te aconsejo, por experiencia, que te acerques a Dios y deposites sobre Él tu esperanza. Cuando culmines la pelea podrás recibir un nuevo nombre:

"Y el varón dijo: No se dirá más tu nombre Jacob, sino Israel; porque has luchado con Dios y con los hombres, y has vencido" Génesis 32:28. Ya no te llamarán deprimido, derrotado, enfermo, atado; tu nombre será cambiado al de un vencedor, porque tu testimonio impactará a todo aquel que lo escuche. Recibirás tu bendición y te aseguro que, por resistir, Dios te recompensará aún más de lo que imaginaste.

Si adquiriste este libro, o lo recibiste como regalo, es porque Dios quiere que sepas que por lo que atraviesas no será el fin mientras luches de su mano.

"Oyéndolo Jesús, dijo: Esta enfermedad no es para muerte, sino para la gloria de Dios, para que el hijo de Dios sea glorificado por ella" Juan 11:4

"ROUND" 2
EL OPONENTE ME ELIGIÓ

Recuerdo, cuando niño, siempre que uno de los grandes boxeadores de Puerto Rico tenía un enfrentamiento, nos reuníamos en familia a ver y a apoyar al nuestro. Siempre vi de todo tipo de oponentes, los respetuosos y profesionales o arrogantes e irrespetuosos. Cuando un boxeador elige a un contrincante lo estudia, y analiza cada movimiento en peleas anteriores para luego buscar vencerlo y así lograr un buen posicionamiento y respeto en la industria boxística.

Lo primero que ataca un oponente es la mente y muchos boxeadores lo saben, y sacan ventaja psicológica de eso. Ahí es donde vemos cómo en los pesajes y en conferencias de prensa, muchas veces, el boxeador arrogante profiere insultos y logra que el boxeador respetuoso se ponga a la defensiva y, como dicen, "le juega con la mente".

¿Podré vencerlo? ¿Estaré en suficiente condición física? ¿Habré estudiado bien cada técnica del oponente? Estas son algunas de las preguntas que todo boxeador se hace antes de llegar el gran día del enfrentamiento. Cada una de estas preguntas es válida y es lo que confirma que lo primero que ataca ese contrincante es la mente, y, muchas veces, los pensamientos y el miedo nos traicionan a tal nivel que el boxeador termina enfrascándose a los puños.

Ahora bien, ¿será posible que un oponente te elija y, peor aún, te ataque sin tú saberlo? Si lo piensas así, te darás cuenta de que tendría una ventaja enorme sobre ti, y la pelea no será una limpia y, mucho menos, pareja. En la realidad eso no pasaría, pero tengo que contarte que, en mi caso, así sucedió. Mi oponente ya me conocía y sabía toda mi rutina de ejercicios, lo que hacía en el día y hasta dónde me encontraba en todo tiempo. Yo no sabía que me estaban atacando, porque fue un golpe bajo y no lo vi venir.

Recuerdo aquel 19 de julio de 2019 como si fuera hoy. Primer día de vacaciones de mi trabajo; ya tenía varias ideas de cosas y lugares que quería visitar y hacer en familia. Esa madrugada, recuerdo sentir un leve dolor y molestia en mi área axilar izquierda, pensé que era normal, algo muscular supuse. Cuando despierto ya había olvidado esa leve incomodidad. En horas de la tarde, vuelvo a sentir el dolor y voy al baño a verificarme, y es ahí donde me percato que debajo de mi axila izquierda tenía una masa del tamaño de una pelota de sóftbol. Hasta ese momento sigo pensando en que puede ser algo muscular y no tomo inmediatamente acción. Al paso de varias horas, analizando qué hacer y consultando con mi familia, decido ir a una sala de emergencias en Caguas, Puerto Rico. Cuando llego a la revisión médica, el médico de turno me hace la consulta y verifica el área afectada e hizo una expresión facial como de preocupación, y sus palabras fueron: "Pase lo que pase tienes que ir a tu médico de cabecera para una evaluación profunda, puede ser muscular, pero no se ve muy bien". Decide inyectarme unos antiinflamatorios y me envía a la sala a esperar que el medicamento intravenoso haga efecto para ver si la masa disminuía en tamaño; algo que al paso de seis horas no sucedió, por lo que decido firmar un relevo de responsabilidad e irme a mi casa, ya que durante las seis horas no me habían llamado para verificar si había algún progreso. Decido acudir a mi médico de cabecera, pero tenía que esperar al próximo martes para poder verla, ya que era fin de semana y ella estaba fuera de su oficina hasta ese día exactamente.

    No tenía remota idea de qué podía ser lo que le estaba sucediendo a mi cuerpo, pero siempre confié en que todo estaría bien. En este punto no pensaba que tendría que enfrentarme a un enemigo agresivo que ya tenía mi cuerpo débil y adolorido. Como les sucede a los grandes boxeadores en la conferencia de prensa que te comenté al comienzo de estos escritos, ya mi mente se estaba preocupando y cargando de ansiedad y miedo aun sin saber nada de la condición. Cada noche mientras

Un "Knockout" por tu bendición

esperaba a que llegara el día de mi cita, meditaba en el siguiente texto bíblico:

"En paz me acostaré, y asimismo dormiré; Porque solo tú, Jehová, me haces vivir confiado". Salmos 4:8

Esa única confianza que el Señor da a los que le sirven y le siguen, que no importando la situación ni la angustia uno puede cerrar los ojos y dormir confiado en que el día de mañana las misericordias de Dios serán renovadas para los que le buscan. Si en este momento no puedes dormir a causa de la ansiedad o depresión, te invito a que dejes y entregues a Dios toda carga y toda preocupación, y te aseguro que luego podrás conciliar el sueño. Te animo a que hagas lo que dice el siguiente versículo.

"Echando toda vuestra ansiedad sobre él, porque él tiene cuidado de vosotros". 1 Pedro 5:7

Pasaron todos esos días hasta que llegó ese martes. Estaba en pie ya temprano en la mañana. Cuando me presento ante mi médico y le explico sobre la molestia que sentí aquella noche y la aparición de una masa en mi área axilar, ella se asombra y pide palparla. Todavía tengo la expresión de su rostro en mi mente cuando observa el área afectada—la misma que puso el médico en sala de emergencias. Me dice: *"Tengo que hacerte unas evaluaciones profundas para poder determinar qué puede ser, porque no me gusta su apariencia"*. Salgo con una orden médica para realizarme una sonomamografía que tardaría tres días más para poder hacerla y tres días adicionales para tener los resultados en mano. Llegué a desesperarme y lo único que deseaba era saber qué estaba sucediendo en mi cuerpo.

La espera se hace extensa cuando no tenemos certeza de lo que está pasando médicamente con nosotros, pero la confianza en Dios se hace más grande aún. Tengo un contrincante que me tiene confuso y lleva un tiempo pegándome fuerte, tan así que ya mi cuerpo está reflejando cada golpe, mientras más pasaba el tiempo, más síntomas aparecían.

Desperté varias noches empapado en sudor, hacía mis rutinas diarias y tenía que detenerme para descansar y dormir un poco, ya que sentía un cansancio extremo y una tos que no se aliviaba ni mejoraba con ninguna medicina o jarabe. Esos fueron algunos síntomas que presenté mientras esperaba, pero que creí eran normales en mí. Tenía a ese contrincante afectándome y debilitándome físicamente, aun durmiendo me pegaba, estaba dándome golpes sucios, porque yo no podía verlo ni reconocerlo aún. En una pelea de boxeo no sería en condiciones iguales, que te ataquen durmiendo y te dejen respirando con dificultad. Yo quiero que sepas, que, aunque parecía que me tenían casi acabado físicamente y herido mortalmente, la Biblia me enseñaba, ayudaba y sostenía en los momentos difíciles

Un "Knockout" por tu bendición

En medio de la lucha y proceso al que me enfrentaba, siempre fue la palabra de Dios la que me brindaba esos segundos de paz que necesitaba para poder seguir. Lo que estaba atacándome tenía mi cuerpo mal herido, pero no mi corazón, y yo vivo porque mi corazón late esperanza y Dios siempre fue quien lo fortaleció. Aunque la enfermedad tenga tu cuerpo y mente destruida, siempre lucha con el corazón.

En este tiempo de espera, recuerdo que, uno de esos días, me recosté a tomar una siesta y desperté inquieto luego de escuchar una voz potente, y como de trueno, decirme que muy pronto a mi vida llegaría una prueba que tenía que pasar por completo y no podía saltar ningún paso.

Llegó el 26 de julio de 2019 y ese era el día de realizarme el estudio que tanto esperaba. Esa madrugada no dormí, decidí vigilar, orar y adorar a Dios como muestra de que, no importara lo que sucediera, mi corazón siempre lo alabaría. Imagino a mi contrincante confundido, porque mientras más me pegaba, más alto yo adoraba; es ahí donde se forma un guerrero, y te exhorto a que, no importando tu condición, siempre da gracias a Dios por su gran amor y misericordia.

Nunca pensé tener que realizarme una sonomamografía en mi vida, pero ahí estaba yo, en aquel cuarto frío y oscuro. Tres días más de espera por los resultados y seguía pasando el tiempo, y mi cuerpo se seguía deteriorando.

El 29 de julio de 2019, día que ya me estaba acercando a conocer quién era mi oponente, ese día por fin tendría los tan anhelados resultados en mis manos. Salgo a toda prisa hacia mi médico con el sobre que en su interior contenía los resultados de la mamografía. Al llegar al consultorio y pasar, mi médico me explica lo que interpretaban aquellos papeles. Había varios nódulos en el área izquierda del pecho y una nota en otro papel que decía que había probabilidad de proceso maligno y que requería realizarme otros estudios para poder dar con la condición que me estaba aquejando. Mi médico decide enviarme a realizar unos laboratorios y un "MRI" o imagen por resonancia magnética para poder dar con el nombre de aquel contrincante.

Al fin tengo una idea remota de ese oponente que me ataca inmisericordemente, aunque no sabía que sería un contrincante tan fuerte. En este punto de mi testimonio, puedo decirte que este segundo "ROUND" fue uno difícil porque tiré muchos golpes al aire, sabía que estaba peleando, pero no contra quién peleaba y, cuando tienes un oponente sin nombre, es más difícil enfrentarlo.

Cuando buscamos en la Biblia el libro de Marcos, capítulo cinco y versículo veinticinco, vemos la historia de una mujer que padecía de flujo de sangre. Esta mujer marginada y rechazada por la sociedad por su enfermedad, y declarada inmunda, había gastado todo lo que tenía en visitas a médicos y ninguno había podido controlar el flujo.

Se me hace curioso que, para este tiempo, era imposible que esta mujer, siendo desechada por todos, tuviera acceso al Maestro, porque todo con lo que ella tuviera contacto sería declarado en aquel entonces como inmundo. Pero el Maestro siempre llega donde hay necesidad sin importar quién sea la persona o cómo la sociedad la margine. Ella toca el borde del manto del Maestro aprovechando el instante en el que está rodeado por una gran multitud y siendo abordado por Jairo, un principal de la sinagoga que pedía un milagro de sanidad para su hija, cuya historia compartiremos en el próximo capítulo. Yo considero esto como una gran hazaña. Lo más impactante es que, en medio de toda la multitud, el Maestro sintió que alguien tocó sus vestiduras. Todos allí se sorprendieron, porque ¿cómo es posible que en un lugar donde hay tantas personas que están apretadas y amontonadas Él sienta que alguien lo toca solamente en el borde de su manto? Esta historia bíblica dice: *"Luego Jesús, conociendo en sí mismo el poder que había salido de él, volviéndose a la multitud, dijo: ¿Quién ha tocado mis vestidos?". Marcos 5:30.* Esta mujer quedó sana al instante, porque el toque que le hizo a Jesús fue uno con fe y sabiendo que su enfermedad solamente podía curarla Él.

Te invito a que hoy hagas un toque de fe al Maestro que está pasando por tu lado en este momento. Tú que has gastado todo y más, y ya no te quedan recursos, ábrete paso en la multitud y toca a Jesús y sé que la fe en Él te salvará. Provoca que el Maestro sienta que ha salido poder de Él. Recibe tu sanidad y camina en contra de las posibilidades y en contra de la multitud. RECIBE TU MILAGRO. Lo importante es que el toque que le hagas al Maestro sea uno de fe y esperanza. Lo impresionante en esta historia es que la mujer sabía a quién acudir y no solo a quién, sino que supo asumir una actitud correcta. Inimaginable e impensable, pero, en medio de toda la multitud que te rodea, tú recibirás tu milagro. Extiende tu mano y da un toque de fe.

Un "Knockout" por tu bendición

"ROUND" 3
YO CONTRA TI

Comienzo en un campo de entrenamiento. Mi casa se volvió un gimnasio donde tenía que entrenarme y redoblar todo tipo de ejercicio. La sala era el cuadrilátero y mi entrenador era el Espíritu Santo. En mi esquina estaba mi esposa junto a mis hijos y toda mi familia sanguínea y espiritual se unió. La oración entrenaba mi mente y era el perfecto método de comunicación entre mi entrenador y yo, me daba paz: *"Por nada estéis afanosos, sino sean conocidas vuestras peticiones delante de Dios en toda oración y ruego, con acción de gracias. Y la paz de Dios, que sobrepasa todo entendimiento, guardará vuestros corazones y vuestros pensamientos en Cristo Jesús" (Filipenses 4:6-7).* La lectura de la palabra de Dios fortalecía mi fe y me hacía tener confianza en que, a pesar de lo que estaba aconteciendo, yo vencería y, sobre todo, esa palabra alumbraba mi camino.

"Lámpara es a mis pies tu palabra, y lumbrera a mi camino" Salmos 119:105.

Cuando un boxeador tiene el panorama claro y sabe quién es su enemigo, se le hace más fácil crear una rutina de entrenamiento que funcione en contra del oponente. Se entrena y se ejercita de manera tal que, al enfrentarse, puede saber sus tácticas y hasta anticipar por dónde viene el ataque de acuerdo con el movimiento ejecutado durante la estrategia. El conocer contra quién pelearé, me haría elegir la manera de atacar. Siempre en mi pelea hubo oración, ayuno y lectura de la Palabra. Leer un versículo e identificarte con él es algo maravilloso. En ocasiones, leía la Palabra y era exactamente lo que yo estaba pasando o lo que mi corazón y mente estaban experimentando.

El 12 de agosto de 2019, ese día, jamás lo olvidaré. No tengo palabras para explicar lo que mi corazón sintió y aun, escribiendo estas líneas, mis ojos se llenan de lágrimas. Ya tengo los resultados del examen de imagen por resonancia magnética (MRI) y nada apunta a algo positivo. Solo recuerdo que era una tarde calurosa, y estaba saliendo de mi antiguo empleo camino a recoger los resultados para llevarlos a mi médico de cabecera. Abrí los resultados, leí solo un poco y se me erizó inmediatamente la piel, y no tenía pensamientos, no sentía ni escuchaba nada. Para que me entiendas un poco mejor, es como si el mundo alrededor se detuviera por horas mientras solo te mueves sin rumbo unos segundos. Mi pensamiento y defensa mental al leer aquello era que—como no soy doctor—no entendía lo que leía y todo estaría bien,

Un "Knockout" por tu bendición

pero mi corazón latía tan fuerte que se quería salir de mi pecho.

Al llegar al consultorio, yo era la única persona en aquella sala y paso inmediatamente a evaluación con mi médico. "¿Leíste los resultados?", me preguntó ella. Le contesté: "Sí, pero no los entiendo, por favor explíqueme". "Bueno, lamentablemente, tengo que decirte que tienes CÁNCER de pulmón". Qué momento más frío, horrible y doloroso. Como dicen en mi país, se me cayó el mundo encima. Mi mente lo escuchó, pero no lo quiere asimilar. Solo le respondía a la doctora que yo me encontraba bien ante su insistencia de cómo me sentía. Ahí pude ver que la primera persona a cargo de mi salud estaba siendo empática conmigo, su rostro reflejó preocupación, y pude ver y sentir una calidad humana y genuina de su parte. ¿Cómo me pasó esto a mí? Esa fue mi pregunta, hoy en día no tiene respuesta. Después de darme palabras de aliento y de consuelo que tanto yo necesitaba, muy amable, me pidió que saliera a la sala de espera en lo que hacía unas gestiones para conseguirme una oncóloga—doctora especialista en Cáncer—que pudiera ver mi caso lo antes posible y con la premura que requería.

En aquella salita de espera fría y vacía, me desplomé en una silla y solo podía llorar, un llanto distinto salía de lo más profundo de mi corazón. Me acaban de dar una noticia que hizo que toda mi vida pasara por mi mente. Mi esposa e hijos, fue lo

Un "Knockout" por tu bendición

primero que pensé, mi niño estaba de solo tres meses, una niña que era un regalo de Dios, llevaba solamente un año y tres meses de casado, y ahora yo con una sentencia de muerte en mis manos. Llamo a mi esposa en aquel momento y aún hoy tengo grabadas sus palabras "No puede ser". Solo imagino que, al igual que yo, pensaba en tanto y en cómo le haríamos frente a esta nueva situación que cambiaría nuestras vidas. Luego llamé a mi mamá y, al contarle, no pudo contener su llanto, llanto bañado de fe y esperanza; aun en medio del proceso, me dijo algunas palabras de consuelo mientras se entrecortaba su voz entre el desespero.

¿Peleas o no? Inmediatamente, escuché esa pregunta y sentí que era Dios que me estaba lanzando un reto. El cáncer no decide mi futuro, la enfermedad no podrá conmigo, y yo voy a pelear, seré yo contra ti. Al pasar unos treinta minutos voy donde la doctora y ella me da todos los pasos siguientes. Ella me había conseguido una cita de manera expedita al día siguiente, porque este enemigo hay que acabarlo, se tiene que parar su avance y aquí es donde me doy cuenta de que Dios puso un ángel en mi camino que, mientras hacía su trabajo, me decía que Dios siempre tiene un propósito. Ya saliendo, me comunico con una pastora y le comento unos leves detalles, porque, en realidad, no podía hablar claramente, solo lloraba. En la corta conversación telefónica, recuerdo que escuché su voz quebrarse por el impacto de la noticia, pero fue una de las primeras personas en decirme "Todo va a estar bien".

Al llegar a mi hogar donde se encontraba mi esposa con los niños, exactamente en el mueble de la sala, siento que me falta el aire y no pude pronunciar palabra alguna, solo llorar. Al ver a las personas que más amo reunidas, me hizo volver a recordar toda mi vida, y pasaron por mi mente todos los buenos momentos que habíamos tenido en familia. No medié palabra alguna, solo me senté, y no pude contener mi llanto una vez más al ver a mi esposa llorar y a mi niña que en su inocencia decía "Papá está llorando". Era como si me arrancaran el corazón. Allí, también, estaba mi suegra, Doña Rosa, como le digo cariñosamente; se sentó a mi lado e hizo una oración tan poderosa que, inmediatamente, me trajo una paz indescriptible. Les confieso que fue la última vez que lloré por la fatal noticia que había recibido. Cuando recibo el diagnóstico solo tengo dos opciones, llorar y lamentarme o vivir en fe y caminar en ella.

Fe es una palabra tan corta, pero con un significado tan enorme, es por la fe que aún estoy vivo y luchando la buena batalla, y es por fe que venceré. Cuando estudiamos la palabra fe, podemos hablar de un sinnúmero de textos bíblicos y ejemplos de grandes hombres y mujeres que, en su peor momento, la utilizaron y caminaron por y para ella. Muchos recitan estos textos, hasta de memoria, pero existe una gran diferencia al hablarla, porque cuando se habla es hermosa, bonita y hasta nos creemos que todo cristiano la tiene y la usa en todo momento, pero no es así, hablar de fe es fácil, lo difícil es vivirla. Vivir en fe requiere que mi realidad no sea mi verdad. No te vengo a hablar de una súper fe infundada en error, te hablo de una fe que, aunque reconozco mi diagnóstico, por encima de eso está la voluntad de Dios que me ha sido dada por su palabra y todas las promesas que Él me ha regalado. Para poder agradar a Dios es necesaria la fe y lo dice su palabra: *"Pero dxsin fe es imposible agradar a Dios; porque es necesario que el que se acerca a Dios crea que le hay, y que es galardonador de los que le buscan"*. *Hebreos 11:6* Entonces, esto quiere decir que tendrás que probar tu fe en algún momento para recibir la aprobación. Mi fe no se basa en que, si recibo el milagro o no, mi fe se basa en que Dios es soberano y Él tiene todo mi futuro en sus manos. La fe tiene que ir alineada a la voluntad de Dios por siempre.

Recuerdo que muchas personas me decían "tú no tienes nada", pero la fe no puede ser una fe ciega, y cuando digo una fe ciega, me refiero a una fe que hubiese borrado todo mi testimonio y propósito que Dios aún tiene con todo lo que he pasado. Mi fe está puesta ciegamente en Dios, pero jamás ha sido una fe ciega basada en mi voluntad y mi beneficio, en especial, cuando desde antes ya Dios me había revelado todo lo que sucedería. Por tanto, quiero que en este momento renueves tu compromiso de fe con Dios; te invito a que le agradezcas por lo que estás pasando, porque todos tendrán que escuchar y ver que el Dios de sanidad sigue dispuesto. Te invito a que impactes a otros por tu fe. Mi montaña aún sigue moviéndose con mi fe, llamo lo que no es como si fuera y la declaración de mi boca en fe y la voluntad divina del Señor es poderosa. *"La muerte y la vida están en poder de la lengua" Proverbios 18:21.*

He caminado y vivido en fe por todo este tiempo, porque, adicional al diagnóstico, tuve que dejar el empleo que era la fuente principal de ingreso en mi hogar, pero jamás me ha faltado nada, al contrario, he podido bendecir a otros con todo lo que Dios me ha regalado. Ha llegado dinero a mi buzón de personas que no conozco, y Dios me ha dado una familia que me ha enseñado que nadie pelea solo.

Continúo con el tema de la hija de Jairo, según relata el libro de *Marcos 5:21-43.* *²¹ Pasando otra vez Jesús en una barca a la otra orilla, se reunió alrededor de él una gran multitud; y él estaba junto al mar. ²² Y vino uno de los principales de la sinagoga, llamado Jairo; y luego que le vio, se postró a sus pies, ²³ y le rogaba mucho, diciendo: Mi hija está agonizando; ven y pon las manos sobre ella para que sea salva, y vivirá.*

²⁴ Fue, pues, con él; y le seguía una gran multitud, y le apretaban. ²⁵ Pero una mujer que desde hacía doce años padecía de flujo de sangre, ²⁶ y había sufrido mucho de muchos médicos, y gastado todo lo que tenía, y nada había

Un "Knockout" por tu bendición

aprovechado, antes le iba peor, ²⁷ cuando oyó hablar de Jesús, vino por detrás entre la multitud, y tocó su manto. ²⁸ Porque decía: Si tocare tan solamente su manto, seré salva. ²⁹ Y en seguida la fuente de su sangre se secó; y sintió en el cuerpo que estaba sana de aquel azote. ³⁰ Luego Jesús, conociendo en sí mismo el poder que había salido de él, volviéndose a la multitud, dijo: ¿Quién ha tocado mis vestidos? ³¹ Sus discípulos le dijeron: Ves que la multitud te aprieta, y dices: ¿Quién me ha tocado? ³² Pero él miraba alrededor para ver quién había hecho esto. ³³ Entonces la mujer, temiendo y temblando, sabiendo lo que en ella había sido hecho, vino y se postró delante de él, y le dijo toda la verdad. ³⁴ Y él le dijo: Hija, tu fe te ha hecho salva; ve en paz, y queda sana de tu azote.

³⁵ Mientras él aún hablaba, vinieron de casa del principal de la sinagoga, diciendo: Tu hija ha muerto; ¿para qué molestas más al Maestro? ³⁶ Pero Jesús, luego que oyó lo que se decía, dijo al principal de la sinagoga: No temas, cree solamente. ³⁷ Y no permitió que le siguiese nadie sino Pedro, Jacobo, y Juan hermano de Jacobo. ³⁸ Y vino a casa del principal de la sinagoga, y vio el alboroto y a los que lloraban y lamentaban mucho. ³⁹ Y entrando, les dijo: ¿Por qué alborotáis y lloráis? La niña no está muerta, sino duerme. ⁴⁰ Y se burlaban de él. Mas él, echando fuera a todos, tomó al padre y a la madre de la niña, y a los que estaban con él, y entró donde estaba la niña. ⁴¹ Y tomando la mano de la niña, le dijo: Talita cumi; que traducido es: Niña, a ti te digo, levántate. ⁴² Y luego la niña se levantó y andaba, pues tenía doce años. Y se espantaron grandemente. ⁴³ Pero él les mandó mucho que nadie lo supiese, y dijo que se le diese de comer.

Este hombre fue donde Jesús, se postró a sus pies y, desesperado, pidió intervención del Maestro, porque su hija estaba agonizando, ya en sus últimos minutos de vida. En todo este tiempo de angustia llegan de la casa de Jairo a decirle que dejara quieto al Maestro, porque su hija había muerto. En este punto es donde se pone interesante, porque, mientras ya todo estaba perdido, Jesús le dice a Jairo: "No temas, cree solamente"; aquí es donde la fe se activa, mis ojos ven una cosa, pero no es lo que veo, es lo que dice el Maestro.

Jesús fue a la casa de Jairo acompañado solamente de Pedro, Jacobo y Juan el hermano de Jacobo. Es en estos momentos de lucha y enfermedad donde tienes que saber de quién rodearte, porque no todos tendrán la misma fe que tú, y no todos creerán que Dios hará un milagro. Aquí es donde, en mi proceso, escuché personas decir que yo moriría, que me pasaría como a algún familiar o persona que había muerto por una condición similar, pero yo decidí cerrar mis oídos y acercarme solamente a personas que no se dejaran llevar por lo que veían. Así hizo Jesús y no solo se llevó un grupo limitado de en medio de la multitud, sino que, al llegar a la casa, ve que hay alboroto y personas llorando y Él mismo les dice: *¿Por qué alborotáis y lloráis? La niña no está muerta, sino duerme. Y se burlaban de él. Mas él, echando fuera a todos, tomó al padre y a la madre de la niña, y a los que estaban con él, y entró donde estaba la niña". Marcos 5:39-40.*

Llegará un momento donde vas a tener que sacar a familiares, personas cercanas y conocidos que no han sabido escuchar la voz de Dios y sus comentarios pueden afectar tu fe, personas que mientras tú confías en Dios, su confianza está puesta en lo que ven. Saca a todos con los que no te sientas cómodo, y rodéate de los que caminan con tu misma fe o te motivan a que esa fe sea aumentada. Huye del alboroto de los que no caminan con fe.

Unos se burlaban de Jesús, porque proclamó el milagro y, aun la niña estando muerta, Él solo la vio dormida, la toma de su mano y le dice: *Talita cumi; que traducido es: Niña, a ti te digo, levántate"*. Marcos 5:41 *"Que* poderoso cuando podemos reconocer que solo Dios tiene el poder para cambiar un diagnóstico de muerte a vida.

Aléjate de los que quieren ahuyentar tu fe. Rodéate solo de la presencia del Padre.

"ROUND" 4
DECIDIDO

Luchar contra un contrincante en el boxeo nunca es algo fácil. Es en este punto donde, como boxeador, luchas sin importar lo que pueda suceder, pero con la convicción de que obtendrás la victoria. Cada boxeador va con la mentalidad de vencer y ser el ganador de una faja que le dirá a todos que eres un vencedor. Aquí ya la decisión está tomada y no hay vuelta atrás.

Guardo recuerdos en mi mente de todo el proceso, y recuerdo llegar a la sala de quien sería mi oncóloga, estábamos mi esposa, mi mamá y mis hijos. Una señora llamada Miriam se le acerca a mi mamá para preguntarle si deseaba un dulce para que comiera y, de una vez, le pregunta sobre quién era la persona afectada. Mi mamá me señala; la señora se me acerca y comienza a hablarme de su condición. Ella había pasado por más de cinco diagnósticos de cáncer distintos; me hablaba de la fuerza que Dios le había dado en cada diagnóstico y cómo todos los había superado con Dios de la mano. Yo la veía tan feliz que, en mi humanidad, no podía entender cómo era posible que había pasado por tanto. Cuando culmina de contarme su historia, me dice que recién le habían detectado dos tipos de cáncer más y que ella se sometería a la voluntad de Dios y seguiría luchando como hasta el momento. Me pregunta mi nombre y lo anota en una libreta que estaba llena de otros nombres, y me dice que toda persona que ella ha conocido en su caminar y le ha dicho que se encuentra enferma, la anota para siempre orar por ella. Luego Miriam, con su hermosa sonrisa, se retiró a su lugar.

Dios había enviado un ángel en el momento justo. Entrando a una sala de espera donde había muchas personas pasando por esta terrible enfermedad del cáncer y yo, siendo un novato, al entrar y ver ese panorama, me sentí impactado y menos preocupado. Además, tenía el sentimiento de impotencia que uno siente al recibir este diagnóstico tan reciente. Definitivamente, fue una inyección de fe, y mi único pensamiento era que mi actitud frente a la situación jamás podría ser menos que la actitud de esa señora que, habiendo pasado por tanto, aun le daba gloria a Dios, y su sonrisa nunca faltó en su rostro pese a la tormenta que ha pasado en casi toda su vida.

Llegó mi turno y, al entrar a la oficina de mi oncóloga y verla tan sonriente y servicial, yo sabía que estaba en el lugar correcto. Ella analiza los resultados y laboratorios, y me dice que el cáncer que se encontraba en mi pulmón a ella, a base de su experiencia, no le parecía cáncer de pulmón como me habían comentado en un principio. Comenta: "Me parece un linfoma de Hodgkin".

Hay un cáncer, pero tenemos que saber el apellido para darle el tratamiento adecuado, comenta la oncóloga. Mientras suelta los papeles y la computadora donde estaba haciendo anotaciones, se voltea y me dice unas palabras que me volvían a confirmar que Dios estaba conmigo en todo momento: "Eres joven, fuerte y luchador, y ahora nos unimos al equipo de Dios". Yo me sonrío y le digo que yo estoy en el equipo de Dios desde el día uno y ella me dice: "Ahora yo me uno a ustedes porque junto a él venceremos". Para tener certeza del cáncer que me afectaba, la oncóloga me envía a realizar una biopsia a la masa en mi axila, y luego me despide con una sonrisa en su rostro y con toda la convicción de que todo esto pasará.

Llegó el momento de realizarme la biopsia para confirmar o descartar las sospechas de la doctora, darle nombre y apellido al contrincante y recibir un tratamiento efectivo para enfrentarlo de manera adecuada. La doctora me dice que teníamos que conseguir un cirujano para realizarme la biopsia y que estábamos contra el reloj porque cada minuto cuenta. Desde su teléfono celular comienza a llamar a cirujanos colegas y ninguno podía realizar la intervención quirúrgica con la prontitud necesaria. Todos en Puerto Rico sabemos que conseguir un doctor especialista requiere de mucho tiempo y puede tomar hasta meses en atender un paciente.

Recuerdo que tomó un descanso de varios segundos y suspiró, me dice: "Llamaré a un cirujano que es bien humano y al plantearle tu situación él hará lo posible por ayudarte. Estoy segura de que será así". Efectivamente, apareció el doctor y ella le hace toda la historia de que era un paciente joven y que necesitaba la biopsia con urgencia. Él le dijo que fuera a su consultorio en dos días para hacerme la intervención y realizar la biopsia. Había un detalle, y es que él no aceptaba mi plan médico, y yo tenía la duda sobre cuánto sería la cantidad de dinero que me saldría el estudio. Mi oncóloga me dice que vaya con una suma de dinero que yo consideraba alta, pero mi familia me dijo que no importaba, que entre todos podíamos costearla. La oncóloga me da el número de contacto del cirujano para que, al otro día, me comunique con él y así coordinar todos los detalles.

Salí complacido y decidido a luchar contra el diagnóstico sin importar su apellido. Dios se mostraba de cualquier forma y ponía a cada especialista en el momento necesario para que todo el proceso fuera lo más rápido posible.

Ahora tengo una nueva preocupación, y es que yo deseaba saber ¿cuánto dinero necesitaría para poder costear la intervención? Al otro día, temprano, llamo por teléfono a la oficina del cirujano y me presento como el paciente que habían enviado de oncología y él me dice que sí, que fuera al próximo día a las 8:00 a. m. para realizarme la intervención. Yo preocupado aún por el costo, le pregunto a la secretaria: "¿Cuánto saldrá el proceso completo? Y ella me contesta: "Solo doscientos dólares para cubrir los gastos de las próximas citas, el estuche de los utensilios y, si no los tienes, los pagas cuando puedas".

El costo total de todo el procedimiento no fue ni una cuarta parte de lo que originalmente me habían comentado que podría ser. Desde que comencé este proceso siempre confié en lo que Dios me habló y en sus promesas que nunca han dejado de ser. *"Dios no es hombre, para que mienta, Ni hijo de hombre para que se arrepienta. Él dijo, ¿y no hará? Habló, ¿y no lo ejecutará?" Números 23:19.* En medio de este duro proceso, yo te invito a que tengas una conexión sin interrupción con nuestro Padre. Hay personas que dicen que en medio del proceso no ven o escuchan a Dios y, definitivamente, son personas que, cuando llega la tormenta, no abren la Biblia que es la palabra de Dios. A mí no siempre Dios me habló audiblemente, muchas veces, cuando no lo escuchaba, abría ese gran libro y salía fortalecido y lleno de fe y esperanza. En los desiertos Dios sí habla y camina contigo y, muchas veces, puedes sentir que estás solo, y es algo normal, porque, en ocasiones, en el desierto solo vemos lo que nuestros ojos alcanzan, pero siempre, en el desierto, Dios abrirá un manantial y abrirá caminos tal y como dice su palabra *"He aquí que yo hago cosa nueva; pronto saldrá a luz; ¿no la conoceréis? Otra vez abriré camino en el desierto, y ríos en la soledad". Isaías 43:19.* No estás solo, Dios siempre andará contigo, aunque tu limitada vista no lo alcance a ver.

Llego el día tan esperado para saber exactamente el nombre completo de aquello que me estaba pegando inmisericordemente. Este día llegué temprano al consultorio y, al llegar mi momento, pude contarle al doctor y a su asistente parte de lo que hasta el momento había pasado. Comienza rápidamente la intervención que consistía en introducir un utensilio parecido a una aguja ancha y grande con el cual extraerían tejido de la masa que se encontraba en mi axila y lo enviarían a un laboratorio a evaluar. Fue un proceso sumamente rápido y en el cual sentí paz. El resultado de la biopsia estaría aproximadamente en una semana. ¿Sabes? Cuando uno recibe un diagnóstico de enfermedad, el esperar desespera. Una semana más de preparación espiritual, emocional y física, porque lo que estaba a punto de enfrentar no sería nada fácil. Pasó esa semana y me comunico al laboratorio para conocer de primera mano el estado de los resultados. Ahí me notifican que la biopsia tuvo que ser enviada a otro laboratorio en Estados Unidos, porque en el que se encontraban no pudieron dar con todas las especificaciones que necesitaban. Otra semana en la que aprendí a esperar y no, no esperé por resultados, por papeles escritos por mano humana ni por diagnósticos, esperé en el Señor Jesús y en todas las promesas que Él me había dado. Esperé en que Dios hiciera su trabajo y, aunque no te niego que muchas veces pensé que la biopsia arrojaría que no había nada y que estaba sano, también, recordaba que la voluntad de Dios es perfecta. *"No os conforméis a este siglo, sino transformaos por medio de la renovación de vuestro entendimiento, para que comprobéis cuál sea la buena voluntad de Dios, agradable y perfecta"* Romanos 12:2. Siempre la voluntad del Padre sobre nuestra vida será la que necesitamos, aunque muchas veces no entendamos. No me queda más nada que rendirme y esperar a que Dios ejecute su voluntad sobre mi vida.

Llegó el día pautado para la lectura de la biopsia, y recuerdo que estaba en una tienda por departamento comprando una batería para mi vehículo, porque minutos antes se había dañado. Mientras eso sucedía, esperaba la llamada del cirujano para confirmar que tenían los resultados y poder ir a buscarlos, y no les miento que estaba deseoso de ir a recogerlos. Llegó el momento de desesperarme, porque el consultorio estaba próximo a cerrar y aún nadie se había comunicado para confirmar que ya podía pasar a recoger esos resultados. Cuando comienzan a trabajar el vehículo y su batería, recibí la tan esperada llamada, y le pedí a uno de los mecánicos que, por favor, si podía terminar todo el trabajo con prontitud, porque tenía que ir a recoger los resultados de una biopsia. Le expliqué, sin mucho detalle, que solo me habían dado 30 minutos para llegar al consultorio, y tenía que recoger a mi esposa a la casa y estaba a 20 minutos de distancia. El mecánico, sin ningún problema, me terminó el trabajo en cuestión de cinco minutos. Mientras él estaba en el proceso, llamé a mi esposa para que se alistara. También, llamé a mi mamá para contarle que ya los resultados estaban listos, pero como vive a unos cuarenta minutos de distancia de su casa al consultorio, le dije que no llegara. No deseaba que saliera con tanta prisa, pero, para mi sorpresa, mientras le decía, ya ella se había montado en su automóvil y estaba en camino. Ya el mecánico me entrega mi vehículo listo, y me dice que vaya con Dios. Procedo a recoger a mi esposa y a mis niños y llego al consultorio en unos veinte minutos y, junto a nosotros, llegó mi mamá. Ya sentados y acomodados en la sala de espera, el doctor procede a llamarnos, y, al pasar, lo primero que hace es darnos las buenas tardes y decirnos que Dios nos bendiga. Ya sentados en su oficina, continúa con la lectura de la biopsia y me dice: "Efectivamente, hay algo, pero estoy seguro de que saldrás de esta con la ayuda de Dios; tienes que llevar este papel a tu oncóloga que ella te dará todos los detalles".

 Al próximo día voy a la oncóloga—sí, porque desde el momento que se recibe el diagnóstico uno, como paciente, no se detiene de cita en cita y de estudio en estudio—y, al pasar a la consulta, ella me confirma que hay un diagnóstico de cáncer. Era Linfoma de Hodgkin, pero en etapa cuatro, y tenía metástasis en axila, pulmón, área paratraqueal, mediastino y varios otros lugares. Sin palabras una vez más. Sigo esperando en Dios y su perfecta voluntad. *"Pero los que esperan a Jehová tendrán nuevas fuerzas; levantarán alas como las águilas; correrán, y no se cansarán; caminarán, y no se fatigarán" Isaías 40:31.* Este texto bíblico en procesos como los de recibir un diagnóstico de una enfermedad grave y que requiere tiempo para vencerla viene como anillo al dedo, porque es en los momentos de espera en los que más necesitamos ser fortalecidos. Ciertamente, el esperar en Jehová hace que uno, como persona, reciba fuerzas y que corramos y caminemos y no nos cansemos. Este texto me da una enseñanza que he aprendido y es que Jehová quita el cansancio al que corre y evita la fatiga al que camina. Hay una acción de correr y caminar y es necesario que entiendas que, dentro de cada proceso que puedas atravesar, hay que caminar y correr; no es tiempo de quedarse sentado o, como dicen en mi país, de "tirarse a morir". Corre, camina, arrástrate, pero encárgate que, mientras pasas el proceso, de tu parte, exista una acción que genere que seas renovado en fuerzas y pensamientos.

No tengo tiempo que perder y, como siempre, le decía a mi oncóloga: ¿Qué es lo próximo? Lo próximo es hacer una biopsia de médula ósea para confirmar que no hay cáncer en los huesos, una cirugía para poner un "medport"—básicamente es un catéter que se coloca cerca del pecho por el cual se introducen las quimioterapias—, una serie de laboratorios de sangre y unos estudios del corazón para confirmar que no hay complicaciones.

Desde el primer día aprendí a correr y a moverme en fe, a realizar todo lo mandado y ordenado por los médicos que Dios había puesto en mi camino. Dios en cada paso estuvo conmigo y me lo demostraba de muchas maneras. Era una mañana del 10 de septiembre de 2019 y, ese día, me tocaba realizar la biopsia de médula ósea. Fui acompañado de mi papá Francisco y yo estaba un poco nervioso. En toda la espera para el procedimiento dialogamos y contábamos cómo Dios hablaba y cómo todo el proceso estaba siendo llevado y dirigido por Él. Llegó la hora de hacer la biopsia, me acuesto en una camilla, y la oncóloga toma el utensilio principal, que es una aguja bastante larga y gruesa, y, luego de desinfectar el área, comienza a introducirla cerca del área de la cadera. Esa aguja tiene que introducirla en el hueso para retirar del tejido que se encuentra en la médula ósea y eso es lo que se evalúa en la biopsia. El proceso es un poco doloroso y molesta cuando se introduce la aguja, pero algo sucedió y es que, mientras la oncóloga realizaba el procedimiento, yo comencé a reírme incontrolablemente; literalmente, no podía contener las carcajadas. La doctora y la asistente me decían:

Un "Knockout" por tu bendición

"Chico, pero baja la voz que nos van a sacar a los tres del consultorio". Pero más me reía. Al terminar todo el procedimiento, me levanto de la camilla, y veo a la oncóloga un poco compungida y me mira fijamente a los ojos y me dice: "Christian, acabo de recordar que, cuando comencé a trabajar como oncóloga y ver que los pacientes pasan por mucho dolor, yo le pedí a Dios que Él mismo bajara y le hiciera cosquillas a los pacientes para evitar que el proceso fuera doloroso". O sea, Dios me hizo cosquillas y me demuestra, una vez más, que está junto a mí en todo tiempo. *"Aunque ande en valle de sombra y de muerte, No temeré mal alguno, porque tú estarás conmigo" Salmos 23:4.* Definitivamente, Dios camina con nosotros hasta en ese valle donde pasamos muy cerca de la muerte.

El próximo paso es realizarme un estudio del corazón llamado ecocardiograma para poder observar el tamaño, fuerza y movimiento del corazón. Esta prueba la necesitaba con urgencia, ya que de ella dependía para poder realizarme la operación y colocación del "medport" y comenzar luego las quimioterapias. Recuerdo que ese día era viernes 13 de septiembre, y el cardiólogo, cuya tarea era leer los resultados, tenía demasiado trabajo y tardaría unos días en leerlos y certificarlos. Le comento a mi oncóloga y ella se comunicó al departamento de cardiología. El propio cardiólogo le dice que los recoja en unas horas que él le daría prioridad por la urgencia que teníamos de continuar

Un "Knockout" por tu bendición

con todos los procedimientos sin detenernos, porque como dije: "Cada segundo cuenta". La oncóloga me dice: "Oye, no sé qué hiciste aquí en este hospital que todos los doctores conocen tu caso y se mueven a tu favor". Yo le dije que reconozco que no soy yo, jamás seré yo, es que soy hijo de Dios, y, cuando Dios es tu Padre, todo se mueve en nuestro favor. En aquel entonces todo con mi corazón estaba excelente y me toca continuar con todos los procesos.

Ahora, en la próxima semana, voy a la cita para la operación del "medport" y me atendió el mismo doctor que les hablé en el capítulo anterior, el cirujano que me había realizado la primera biopsia. Siempre con un Dios te bendiga y una sonrisa y amor por los pacientes, que yo sé, que solo cuando una persona ama a Dios puede brindar. Ese día la operación fue un éxito y ya estoy próximo a comenzar el tratamiento.

"La mano de Jehová vino sobre mí, y me llevó en el Espíritu de Jehová, y me puso en medio de un valle que estaba lleno de huesos. ²Y me hizo pasar cerca de ellos por todo en derredor; y he aquí que eran muchísimos sobre la faz del campo, y por cierto secos en gran manera. ³Y me dijo: Hijo de hombre, ¿vivirán estos huesos? Y dije: Señor Jehová, tú lo sabes. ⁴Me dijo entonces: Profetiza sobre estos huesos, y diles: Huesos secos, oíd palabra de Jehová. ⁵Así ha dicho Jehová el Señor a

estos huesos: He aquí, yo hago entrar espíritu en vosotros, y viviréis." Ezequiel 37:1-5

Vemos una de tantas profecías que recibió el profeta Ezequiel para el pueblo de Israel, pero quiero que veas el siguiente punto. Dice que Ezequiel fue llevado en el Espíritu y lo puso en medio de un valle de huesos. Es interesante, porque, muchas veces, cuando Dios quiere darte una palabra tiene que sacarte de la zona cómoda donde piensas que "estás bien" y llevarte a un valle donde lo que ven tus ojos es muerte y sequedad, pasarte muy de cerca por una situación incómoda, para que ahí entonces recuerdes cada palabra que el Padre te ha dado. Yo, en medio de la enfermedad, pasé por ese valle de huesos secos, donde vi de cerca la muerte y solo la palabra de Dios es la que me dio vida. En el versículo tres Dios le pregunta: ¿Vivirán estos huesos? Y hoy yo te pregunto: ¿Serás libre? ¿Recibirás tu milagro? ¿Vivirás? Solo Jehová, tú lo sabes, pero Dios le dice: *"Profetiza sobre estos huesos, y diles: Huesos secos, oíd palabra de Jehová. Así ha dicho Jehová el Señor a estos huesos: He aquí, yo hago entrar espíritu en vosotros, y viviréis".* Oíd palabra de Jehová, la palabra de Dios es vida.

"Porque la palabra de Dios es viva y eficaz, y más cortante que toda espada de dos filos; y penetra hasta partir el alma y el espíritu, las coyunturas y los tuétanos, y discierne los pensamientos y las intenciones del corazón"

Hebreos 4:12. Esa palabra es vida y penetra el alma y el espíritu, coyunturas y tuétanos. Hoy solo necesitas una palabra; esa palabra que dio vida a ese valle de huesos secos hoy te da vida a ti. Profetiza como hizo el profeta Ezequiel y declara una palabra sobre ti, y levántate y sal del sepulcro y suelta la enfermedad. Profetiza sobre ti que los huesos recobran vida y que Dios pone Espíritu sobre ti y vivirás. *"Y sabréis que yo soy Jehová, cuando abra vuestros sepulcros, y os saque de vuestras sepulturas, pueblo mío" Ezequiel 37:13* . Cuando el Maestro entra a un sepulcro es para una de dos cosas: levantar un muerto y darle vida o destruir la muerte y resucitar. En ambos casos hay algo en común y es que, en los dos, la vida pudo por encima de la muerte.

"ROUND" 5
SUENA LA CAMPANA

Luego del boxeador prepararse física y emocionalmente llega el gran día del combate y es cuando se enfrenta cara a cara contra su contrincante. En este momento es donde hay que poner en práctica lo entrenado y, aunque el boxeador tiene en su esquina a un entrenador y un gran equipo, es él quien tiene que demostrar que puede y que será vencedor. La esquina no puede entrar y ponerse los guantes, lo más que pueden hacer es, en cada tiempo, hablar de estrategia y dar ánimo cuando se vea en problemas el boxeador. Los ojos de todos están sobre los boxeadores y ahora es que suena la campana.

Mi papá vive en el estado de Indiana y desde que se enteró de la noticia sobre mi diagnóstico se ha mantenido viajando constantemente. En una de esas veces, Dios le habló y se los contaré tal y como él lo expresó.

"Vengo viajando de Puerto Rico a Orlando, Florida. A mi lado se sienta un señor como de unos 65 años. Entre él y yo se sienta un joven. Llegamos a Orlando y no conversamos en todo el viaje. Espero dos horas en Orlando, Florida, por mi próximo viaje a Indianápolis, Indiana. Abordamos, a mi lado no se sienta nadie; ya cuando la puerta está por cerrar, entra el mismo señor que se sentó cerca de mí en San Juan. Él me dice: "Friend it's me again (amigo soy yo de nuevo)". Yo le digo: "Welcome aboard (bienvenido a bordo)". Seguimos hablando y él me dice que estaba en un viaje misionero en el barrio Plata del pueblo de Aibonito en Puerto Rico.

Luego de una media hora nos damos la mano y continúa nuestra conversación. Tema obligado, la condición de mi hijo mayor. Me pregunta: "¿Qué tipo de cáncer le diagnosticaron"? Le dije que tenía en su pecho y que se le movió al pulmón. Me pregunta: "¿Él es hombre de fe"? Y le contesto que sí. Seguimos hablando y él me pregunta si tenía algún documento o diagnóstico escrito. Bien preparado, yo tengo en mi celular todas las copias de los exámenes de mi hijo. Sin preguntar más le doy mi teléfono, esto sin saber quién es la persona que acabo de conocer. Él me dice en español: "Sabes, soy cirujano oncólogo, me especializo en casos severos de cáncer. Estos resultados de tu hijo, aunque es cáncer, tu hijo es joven y es un hombre de fe. Yo he operado muchos casos que estaban descartados y terminan recuperándose. Te quiero decir que lo más poderoso es ver la mano de Dios obrar en los que la ciencia descarta". Recuerden, es un hombre de ciencia hablándome del poder de Dios. Demás está decir que este caballero fue

Un "Knockout" por tu bendición

enviado por Dios para darme la certeza de que Él está en el asunto. Hoy fue un día fuerte, me despedí de mis hijos, nietos y amigos en Puerto Rico. Me marché solo y lloroso, pero Dios mandó un hombre que me hablara y consolara. No cualquier hombre, un hombre de ciencia y les digo que la sonrisa en mi cara vale oro".

Dios, también, le mostraba a mi esquina que Él es el entrenador por excelencia. Además, que estaría conmigo hasta el fin de la batalla.

Ya estoy casi por comenzar a luchar cuerpo a cuerpo y mi fe es que voy a salir victorioso. En mi esquina tengo al Padre, Hijo y Espíritu Santo, una doctora que monitorea cada golpe recibido y mi rendimiento, y toda mi familia sanguínea y familia espiritual que nunca me dejaron solo. En las gradas hay de todo, personas y amistades que saben que ganaré, y otras personas que pensaron que moriría, personas sin fe, y los que solo se sientan a ver qué sucederá. He aquí comienza la pelea. Recuerda que ya el oponente me había golpeado sin yo saberlo, y físicamente me encontraba cansado y bastante maltrecho. El agotamiento físico y mental y todo el esfuerzo que requirió la situación para poder llegar hasta el cuadrilátero fue demasiado, y, definitivamente, mi oponente tenía una ventaja extensa. En realidad, fue difícil reponerme, de lo golpeado que yo me encontraba. Sin embargo, conmigo andaba alguien que me decía: *No temas, porque yo estoy contigo; no desmayes, porque yo soy tu Dios que te esfuerzo; siempre te ayudaré, siempre te sustentaré con la diestra de mi justicia"* Isaías 41:10.

En cada golpe que recibí, mi esquina me gritaba: "NO TEMAS". En cada duda, mi esquina gritaba: "YO ESTOY CONTIGO". Cada vez que era azotado, mi esquina gritaba: "NO DESMAYES". Si me tambaleaba, mi esquina gritaba: "TE ESFUERZO". A veces caí y mi esquina gritaba: "TE AYUDARÉ". ¿Qué te quiero decir? En las luchas las fuerzas no dependen de las tuyas; no intentes por ninguna razón pelear con tus manos o con tus recursos. Aquí no se trata de ti, se trata de Dios, y créeme, cuando entregas a Dios todo, incluyendo la enfermedad, Él se hará cargo de ti. Esa carga que yo sé que tienes en tus hombros es momento de soltarla. Muchas veces, en medio del proceso, caí en el cuadrilátero, pero entendía su palabra cuando dice: *"Echa sobre Jehová tu carga, y él te sustentará; No dejará para siempre caído al justo"* Salmos 55:22. No importa la situación, Dios no te dejará caído. Caer por el dolor o la circunstancia no es el problema, el problema sería permanecer en el suelo sabiendo que hay un Dios que te sustenta y que jamás te dejará solo. Al principio de todo este tratamiento tuve un sueño y fue el siguiente:

"Me veía en el suelo, cansado, triste y sin fuerzas. En medio del sueño pude ver una persona que, aunque físicamente no puedo describirla, porque su brillo era mucho, sí podía ver su silueta. Yo en el suelo cansado, clamando por paz y misericordia, y esa persona se me acuesta al lado y me mira con tanta paz y me dice: "Hijo, aquí estoy en el suelo junto a ti escuchándote de cerca, y reconozco y valido tu dolor y desespero; ven, siéntate junto a mí, recuesta tu cabeza en mi hombro y descansa. De momento siento una paz, y podía ver cómo el Padre me consolaba; me hacía literalmente como le hace un padre a su bebé recién nacido y sentí una paz instantánea". En los momentos más duros que puedas enfrentar, Dios quiere recordarte que Él sabe lo que pasas y está dispuesto a consolarte, ayudarte y levantarte.

Ahora comienza el tratamiento y aún no sé a qué me enfrentaré. Ese primer día de quimioterapia es algo difícil de explicar, porque lo que te dicen o lo que lees en el internet no necesariamente es lo que experimentarás. Llegué bien temprano en la mañana y el tratamiento comenzó una hora luego. Ya dentro de la sala, donde solamente puedes ver distintas máquinas y experimentar un lugar extremadamente frío, la enfermera me señala la silla, tipo butaca, donde me sentaré por las próximas seis a siete horas. Comenzó limpiando y desinfectando el área del "medport" para luego introducir una aguja e inmovilizarla con una gasa y cinta adhesiva. Explica todo el proceso y va mencionando los medicamentos por nombre, conforme los va cambiando, para yo saber cómo sería el tratamiento de ahí en adelante. Medicamentos para dolor, reacción alérgica, vómitos y para el estómago, y comienza inmediatamente la administración del tratamiento que consistía en cuatro diferentes tipos de quimioterapia. Nunca olvido que la primera era la quimioterapia roja o la "colorá", como la llaman. Tan pronto entra el medicamento, el cuerpo comienza a sentirlo. Empieza el dolor de cabeza, náuseas, mareos, entre otros síntomas, y efectos secundarios que, al pasar del tiempo, se fueron agravando. Ese día fue uno de los más fuertes y a este momento no sabía todo lo que pasaría. Ya culmina mi primera sesión de doce que tenía que enfrentar cada dos semanas.

Al llegar a mi casa, y conforme pasaba el tiempo, los efectos iban empeorando. Solo Dios puede entenderme cuando te digo que realmente me sentía muy agotado y solamente había pasado una sesión. Transcurrieron catorce días y mi cuerpo aún no se recupera de los embates, y ya voy para el próximo tratamiento.

En todo el proceso una persona me acompañó, mi mamá. Muchas veces, me hice el fuerte frente a ella, pero siempre reconocí que la necesitaba realmente. La vi dormirse a mi lado y pasar, a veces, todas las horas que, en promedio, eran de seis a siete, sentada en una silla más incómoda que la mía, pero ahí estaba. Cuando me daba frío, me arropaba; cuando quería hablar, me escuchaba, y, si era en silencio que yo deseaba estar, solo me miraba. Sé que la noticia le dio un duro golpe a ella, pero nunca se rindió, y siempre me acompañó en cada paso, cita, laboratorio, tratamiento y complacía mis pocos antojos. Sé que lloraba en silencio y, muchas veces, el suelo era su refugio, y dentro de su fe de que Dios me sanaría recibía la paz. Hoy tengo que honrarla como dice la palabra de Dios: *"Honra a tu padre y a tu madre, que es el primer mandamiento con promesa; para que te vaya bien, y seas de larga vida sobre la tierra". Efesios 6:2-3*

Ya en medio del tratamiento, muchas veces, me escondía de mi esposa e hijos para llorar y no tengo por qué negarlo. Muchas veces, solo me encerraba en el cuarto a pedirle a Dios fuerza y misericordia, porque sentía que desmayaría y, aunque tenía fe, la batalla era dura. Siempre que me encerraba a llorar, mi esposa abría la puerta del cuarto y me encontraba y, con una autoridad impresionante, me decía: "Levántate". Otras veces entraba y abría las ventanas y me comentaba: "Sal, sal del cuarto o piensas estar aquí todo el día". Muchas veces, lo más que me impresionaba es que, a veces, yo escribía cualquier palabra de aliento en alguna de mis redes sociales y ella me la citaba completa: "¿Y tú no decías que Dios renueva tus fuerzas y te da las fuerzas del búfalo o que levantarías vuelo como el águila? ¿Qué pasa? Vamos, sal de la cama". Tal vez usted podrá pensar que fue fuerte conmigo y, en ese momento, hasta yo lo pensé, o que no se ponía en mi lugar. Pero yo te digo que, en ese momento, era mi ayudadora. Era la que declaraba la palabra de Dios sobre mi vida y me dio una lección, porque si proclamo victoria en público y predico vida, no puedo en mi casa dar el ejemplo de que estoy derrotado, triste o deprimido. Sus palabras me daban aliento aun en medio de cómo yo me sintiera. Muchos me ven a mí y piensan que yo soy un guerrero, pero a mi lado andaba una guerrera que no dudo que la noticia de mi diagnóstico le dio duro, pero más duro le dio ella a la oración. Yo peleé, pero ella me quitaba los guantes y peleaba ella, también. La vi llorando solo una vez y su fortaleza en definitiva era impresionante.

"Y dijo Jehová Dios: No es bueno que el hombre esté solo; le haré ayuda idónea para él" Génesis 2:18. Cuando contraemos matrimonio hay un juramento que estaríamos juntos en la salud y en la enfermedad, y, cuando escoges una pareja que tiene a Dios en su corazón y reciben la aprobación de Dios, estas cosas suceden. *"El que halla esposa halla el bien, Y alcanza benevolencia de Jehová"* Proverbios 18:22. Y tengo que detenerme un momento y honrar a la esposa que Dios puso en mi camino, quien ha demostrado una fuerza tan grande y una fe que, muchas veces, fue más grande que la mía. Cuando me veía caer me levantaba las manos en señal de victoria. Tenía que soportar mis cambios

de humor, que son efectos secundarios del tratamiento, y ahí siempre estuvo.

Cada 14 días mi cuerpo era sometido al mismo proceso de quimioterapias, y el cuerpo no se reponía y ya estaba próximo a comenzar la nueva rutina. Ahora los efectos secundarios arreciaban y se multiplicaban. Entre estos, dolor de cuerpo, cansancio, náuseas, vómitos, diarreas o estreñimiento extremo, pérdida de cabello, cambio de gusto y sabor en las comidas, falta de apetito y deseos por comer, cambio de color y ardor en la orina, en fin, era una ola de malestares en mi cuerpo. Recuerdo que llegó el momento donde le tenía cierta repugnancia a la quimioterapia roja. La enfermera tenía que cubrirla, porque todo jugo o comida de ese color me producía asco y terminaba vomitándola y sin deseos de comerla o tomarla.

En medio de todo este proceso, Dios seguía demostrando que estaba conmigo. Tuve que visitar otros especialistas y recuerdo otra anécdota donde fui a un médico para buscar una orden y poder realizarme ciertos estudios. En esta ocasión fui con mi papá. Desde que llegué a su oficina, se sentía mucha paz y ese especialista solo me hablaba de la salvación de Dios, de su amor y de lo maravilloso que era Dios. Mientras llenaba todos los papeles, solo mencionaba a Dios. Yo quedé maravillado y te digo esto, porque, en realidad, una vez más Dios se hacía sentir en medio de la adversidad, y utilizando a los médicos para reconocer que Él es grande y para siempre es su misericordia. Otra vez una persona de ciencia reconoce que hay un Dios que sana y que, si lo buscas, lo encontrarás.

Luego de tantas citas y procedimientos llegaba la hora en donde me preguntaba: ¿Cómo recibo fuerzas si no tengo? *"Él da esfuerzo al cansado, y multiplica las fuerzas al que no tiene ningunas" Isaías 40:29*. En muchas ocasiones un boxeador se encuentra perdiendo de acuerdo con las tarjetas de los jueces y físicamente no hay nada más que hacer solo aguantar en pie e intentar evitar que los golpes del oponente hagan su efecto en tu cuerpo. Así me sentía en este punto de mi testimonio. Aquí, en medio del cuadrilátero y sin ganas ni fuerzas para continuar, recuerdo que, muchas veces, miré a mi esquina, porque deseaba que tiraran la toalla para poder al fin culminar. Sí, imagina a un boxeador cuando ya lo han golpeado tanto que se encuentra aturdido y perdido, así me encontraba yo. Solo deseaba descansar y rendirme. Mi mente no quiere seguir y he dado lo máximo. Caigo al suelo y me hacen el conteo, respiro y sigo. Imagina la escena de un boxeador ensangrentado, hinchado y que se ve que todo está por terminar y no será muy favorable para él.

No ver salida en medio de un proceso, no importa si se llama enfermedad, divorcio, problemas económicos o depresión es algo que pocos entenderán. Es aquí donde definitivamente, si

Un "Knockout" por tu bendición

Dios no entra a nuestro auxilio, nos hundiremos y llegaremos al fondo del abismo.

Si estás leyendo esto y te encuentras como yo me encontraba quiero hacer una oración por ti:

Señor Jesús alabamos y bendecimos tu nombre en esta hora. Levanto un clamor a ti, Padre, para que seas tú dando fuerzas a quien está leyendo estas líneas. Si se siente triste, traigas alegría, y, si no puede más, lo levantes. Padre, te pido que ayudes y alientes a quien hoy quiera dejarlo todo y rendirse. Así como estuviste conmigo Espíritu Santo, llega al lugar donde se encuentre cada lector y minístrale como siempre lo hiciste conmigo. No permitas que la depresión cubra la mente y el cuerpo de mis amigos lectores, y sé tú, Señor, obrando a favor de cada uno. Renueva las fuerzas, Padre, del que no tiene ninguna y dale un revestimiento de tu armadura. Oh, Señor, yo sé lo que es sentirse así, pero, también, sé lo que es ser renovado en entendimiento y revestido de fuerzas nuevas. Te presento a cada persona que se sienta cansada, y sé que, ahora mismo, todos recibirán fuerzas nuevas según tu santa y divina voluntad. En el nombre del Señor Dios he orado creyendo con fe que cada uno recibirá la paz que solo tú das. Amén

¿Sabes? Siempre pensé en Jesús cuando cargaba esa cruz tan pesada y con ese dolor físico que aún no se encuentra comparación. Él no se rindió y caminó hasta cumplir su propósito, y en ese propósito se encontraba traernos la salvación y la sanidad. Me daba fuerzas el pensar que, si Jesús no se rindió por mí, yo jamás me rendiría por Él.

"Porque no nos ha dado Dios espíritu de cobardía, sino de poder, de amor y de dominio propio" 2 Timoteo 1:7. Aun herido, deseo continuar y batallar, porque, si Dios dijo que yo tendría que pasar por un proceso completo, ¿quién soy yo para pararlo? Yo no deseo que el Maestro me repruebe, al contrario, deseo pasar por todo este proceso con honores y obtener la victoria. La lograré no por mis fuerzas ni conocimientos, sino por la palabra que ya Dios me había hablado de que muchos conocerían al Sanador por medio de mi testimonio.

En una noche tirado en medio del cuadrilátero comienzo a orarle a Dios y le decía: "Sáname, Señor, sáname y seguí repitiéndolo, sáname, sáname, sáname", y escuché la voz de Dios que me dijo "¿y si no te sano?". Entonces aquí comprendí que yo no estaba orando de manera correcta, porque Dios me sanaría. Yo lo sabía y tenía esa convicción y, aunque no es malo pedirle a Dios que me sanara, ¿para qué repetirlo y gastar fuerzas en eso? Si él ya había dicho que me sanaría y que sería un proceso completo, entonces tengo que saber cómo contestarle a Dios. Mi fe es que Él me sanará, pero aquí pensé en la soberanía de Dios. ¿Qué digo? Bajé mi cabeza y le pedí perdón al Padre. Luego me repuse, recobré fuerzas, miré al cielo, y cambié mi llanto de tristeza y pena a uno de valentía y confianza y le contesté: "Señor, tú dijiste que me sanarías, pero, si no lo haces, jamás negaré mi Fe. Tampoco cambiaré mi vocabulario de victoria; si no me sanas, seguiré diciendo que eres bueno; si no me sanas, quiero morir con las botas puestas y proclamaré que tú, oh, Dios, SANAS, SALVAS Y LIBERTAS".

Terminé mi oración y me quedé pensando en si mi respuesta sería bien recibida. Le pedí a Dios que, por favor, me dejara saber si hice bien, porque le respondí con todo mi corazón y con toda verdad.

Quiero llevarte a una historia sobre un paralítico, la cual se encuentra en el libro de Juan, y dice así: Juan:5

"Después de estas cosas había una fiesta de los judíos, y subió Jesús a Jerusalén. ²Y hay en Jerusalén, cerca de la puerta de las ovejas, un estanque, llamado en hebreo Betesda, el cual tiene cinco pórticos. ³En estos yacía una multitud de enfermos, ciegos, cojos y paralíticos, que esperaban el movimiento del agua. ⁴Porque un ángel descendía de tiempo en tiempo al estanque, y agitaba el agua; y el que primero descendía al estanque después del movimiento del agua,

quedaba sano de cualquier enfermedad que tuviese. ⁵Y había allí un hombre que hacía treinta y ocho años que estaba enfermo. ⁶Cuando Jesús lo vio acostado, y supo que llevaba ya mucho tiempo así, le dijo: ¿Quieres ser sano? ⁷Señor, le respondió el enfermo, no tengo quien me meta en el estanque cuando se agita el agua; y entre tanto que yo voy, otro desciende antes que yo. ⁸Jesús le dijo: Levántate, toma tu lecho, y anda. ⁹Y al instante aquel hombre fue sanado, y tomó su lecho, y anduvo. Y era día de reposo aquel día". Juan 5:1-9

Esta historia me encanta mucho y menciona que el paralítico llevaba 38 años en aquel lugar. Solamente en imaginar el tiempo que él esperaba por su milagro, me da mucho qué pensar y analizar. A veces Dios nos hace preguntas que pueden resultar obvias y lógicas, pero lo que Dios quiere ver es nuestro entendimiento y esa respuesta revelará cuánta fe tienes. Según relata la historia era un lugar lleno de enfermos y de personas que deseaban ser sanadas.

Jesús le hace una pregunta y la respuesta era una sencilla. Si yo te pregunto ¿quieres ser sano?, ¿qué me responderías? Pero mira la respuesta que le dio este hombre al portador de la sanidad: *"no tengo quien me meta en el estanque cuando se agita el agua; y entre tanto que yo voy, otro desciende antes que yo".* Esa contestación no es lo que se le preguntó. ¿Qué representa esta respuesta? Representa pérdida de fe y esperanza y conformismo a su situación. Tiene de frente a quien sana y él no lo reconoce, y así hay muchas personas que buscan sanidad y libertad y no reconocen al Maestro cuando quiere hacerlos libres y sanarlos de su enfermedad. El lugar de la sanidad de este paralítico se convirtió en el lugar donde poco a poco él perdió su fe hasta llegar al conformismo. No permitas acomodarte a tu situación actual por ninguna razón. Él no podía caminar y se encontraba solo y nadie lo ayudaba. Todos peleaban por su milagro y de tiempo en tiempo lo recibían. Tal vez muchos llevaban más tiempo que él o tal vez menos, eso no es lo que importa, lo importante aquí es reconocer quién es el que sana. Jesús fue directo donde este paralítico y tuvo misericordia, porque, aunque este no contestó con fe ni mucho menos sabía quién fue el que le preguntó, quedó sano y tomó su lecho y anduvo.

Hoy es día de recibir un milagro, y ya no hay que esperar a que las aguas se muevan. Ahora Dios te pregunta: ¿Quieres ser sano? Tu contestación se reflejará en tu actitud. Toma tu lecho y anda, aunque todo parezca caerse, toma tu lecho y anda, aunque te duela, toma tu lecho y anda. En el nombre de Jesús, "TOMA TU LECHO Y ANDA".

Un "Knockout" por tu bendición

"ROUND" 6
APROBADO

En muchas ocasiones en un combate de boxeo no todo fluye como esperamos nosotros los fanáticos. Nos ha tocado ver nuestro luchador sin poder sostenerse en pie y con mucha dificultad. Aquí es donde nosotros, como público, decimos que se acabó. Como les dije en uno de los capítulos anteriores, en el público están los que van a ti, los que le da lo mismo y los que de verdad ven que vencerás. Ese boxeador está sin fuerzas, angustiado y sin deseos de continuar, solo un milagro puede salvarlo. Es en este punto donde tenemos que reconocer que nuestras fuerzas vienen de Dios.

Les compartiré un escrito que en aquel entonces realicé en mis redes sociales:

"Hay momentos donde he llegado a sentirme débil. A veces mi cuerpo siente que quiere explotar literalmente. Les comparto que hoy le dije a Dios en la mañana, antes de ir a un ayuno congregacional, que me sentía cansado y exhausto, que necesitaba de su ayuda de manera urgente. No es un proceso fácil y cómo soy humano—gracias a Dios—

llega el cansancio y la debilidad. ¿Saben algo? Dios tenía todo preparado para sorprenderme una vez más..., qué experiencia pasé hoy..., indescriptible. Mientras hay un hijo pasando una dura prueba, el corazón de Dios, como padre, te entrega todo a ti sin medida.

Mi escrito no es para que se apenen, al contrario... Es más, los invito a que mañana, cuando estén en su jornada diaria, le den un abrazo a un desamparado, alimento a un hambriento, ayuda a un anciano, palabra a un enfermo. Antes de salir de sus casas miren a su lado y díganle a su familia cuanto los aman, porque la vida cambia en un segundo. Denle gracias a su jefe, supervisor inmediato y compañeros. Que mañana sea un día que solo veas lo positivo de tus momentos. Dejemos ya el odio y la contienda, el amor es para hoy y es necesario que sea repartido y, muchas veces, sacrificado como lo fue el amor en la cruz por nosotros".

Ahora les explicaré el porqué de mi escrito. Era el 10 de noviembre de 2019, ese día pensé dejarlo todo. Mi cuerpo ya no resistía más y mi mente estaba a punto de colapsar. Sí, me sentía horrible, hoy te hablo de fe, pero llegó un momento que no era que dudaba, simplemente me rendía como ese boxeador que ya cansado lo único que hace es recibir golpes y no podía responder con la

Un "Knockout" por tu bendición

fuerza y astucia necesaria. Esa noche oscura llegó a mi vida y me atacó, y no creía que el amanecer llegaría.

Ese domingo en una iglesia—lugar donde me congrego—había un ayuno y, antes de salir de mi casa, le dije a Dios desde lo más profundo de mi corazón: "Señor, perdóname, pero, si hoy no haces algo, moriré, te necesito con urgencia." Llegamos al ayuno y, no te miento, yo no tenía ganas de estar. Algo que logré vencer en medio del proceso es que, a pesar de mis sentimientos y deseos de quedarme en mi casa, nunca falté ni dejé de alabar al Señor, siempre me congregué, porque entendí que es importante el seguir y servir a Dios aun en medio de mi tormenta. Recuerdo que en el estacionamiento le dije a mi esposa que yo no sabría qué sucedería conmigo, pero Dios tenía un plan perfecto. Recuerdo haber pasado al altar a llevar mi ofrenda y, al regresar a mi silla ya por sentarme, la pastora de la congregación, con voz de compasión, me dice: "Christian, ven acá que Dios tiene algo que decirte". En ese momento mi corazón se aceleró de manera descontrolada y, al llegar al altar nuevamente, Dios me dice literalmente lo siguiente, y lo transcribiré de manera fiel y exacta, pues aún tengo los audios.

Comenzó diciendo que trajeran una silla para yo sentarme. Luego de eso me coloca su mano en mi hombro y dice: "Qué mucho te ha atormentado el infierno, has sentido que hasta nosotros no te amamos. Los oídos no los prestes, te dice el Señor.

No prestes tus oídos. No planifiques nada, nada, nada que no sea adorarme. Tengo un plan establecido perfecto. No quiero que escuches nada que te pueda hacer daño. Estoy santificando tu mente, según santifico tu mente, baja y sana todo. Voy a sacar de ti una joya preciosa que no tiene que ver con generaciones ni con oraciones de nadie, es entre tú y yo. Aquí te enseñé lo que era honra, tú no la conocías, aquí te enseñé yo lo que es ser mi hijo. Se te ha hecho duro el caminar, pero verás hasta dónde te voy a llevar. El temor te ha visitado continuamente, te has sentido solo y dices ¿Qué pasa?... Soy yo, soy yo, soy papá, soy yo papá, aquí estoy. No tienes que demostrarle nada a nadie, escúchame bien, no tienes que demostrarle nada a nadie, seme fiel, seme fiel. Largura de días, largura de días".

    Hay algo que Dios te está enseñando que yo no sé, pero es un código y un diseño divino. En días recientes dijiste: "Señor, quiero estar en el cumpleaños del primer añito de mi bebé"; vas a estar. Hay muchas cosas que entran a tu mente y para todas hay respuesta, te dice el Señor. Veo cuando no tienes fuerzas, veo cuando no aguantas ni la silla, veo cuando te sientes que aquí nadie te toma en cuenta. Es que entraste al desierto y ahí uno se cansa. Búsquenme corriendo agua, vasija y toalla, les dice a los servidores. La iglesia en comunión; es vida lo que hay que clamar, es vida, es vida, es vida, lo peor en estos procesos es la

Un "Knockout" por tu bendición

mente y sabemos que ha sido muy atacada su mente".

Luego de esta palabra, buscan un envase, agua y una toalla, y, sentado en la silla, comienzan a realizarme un lavatorio de pies. Y realizó una oración por mí y decía lo siguiente: "Padre, que al igual que el agua toca sus pies, la fuerza entre desde los pies hasta la cabeza. Declaramos en el nombre de Jesús un nuevo tiempo en la vida de tu hijo. Tu hijo necesita un milagro y tú viniste por nosotros, te entregaste en la cruz por nuestro milagro, por nuestra salvación. Tú viniste a enseñarnos el servicio, Padre, y yo vengo a pedir un milagro por tu hijo, ahora, ahora yo hablo vida, yo hablo vida, yo hablo vida. Padre, fuerzas sobre tu hijo, que no le falten las fuerzas para pelear, para continuar, para caminar. Toda mentira del diablo la desechamos. Toda maldición se quiebra, oh, Padre, porque nos humillamos a favor de esta casa y de esta familia, para la cual pido vida para tu gloria en el nombre de Jesús. Señor, Padre, sus lágrimas, sécalas tú, seca sus pies para que puedan avanzar. Séquenle bien los pies que él va a correr, continuaba diciendo. Yo hablo un nuevo tiempo, yo hablo de que, cuando pise, estará pisando toda maldición. Yo declaro vida, yo declaro vida, yo declaro vida; un nuevo tiempo sobre la vida de tu hijo; en el nombre de Jesús, declaramos un nuevo tiempo. Recibe fuerzas. En el nombre de Jesús recibe fuerzas en tu cuerpo, ahora, en el nombre de Jesús. Señor, yo no sé las

Un "Knockout" por tu bendición

citas que él tenga ni lo que los médicos han hablado, pero yo sé que las fuerzas no le van a faltar. Yo lo único que sé es que él va a tomar fuerzas como nunca, y yo declaro, en el nombre de Jesús, que no va a tener que depender de nadie y que va a ser autosuficiente. Yo declaro, en el nombre de Jesús, fuerzas nuevas sobre ti, fuerzas para conducir, fuerzas aun para limpiar y fuerzas para hacer sus cosas. Yo declaro vida y un nuevo tiempo sobre la vida de tu hijo. En el nombre de Jesús recibe fuerzas en tu cuerpo".

Luego de esta poderosa oración, otro pastor presente, en aquel lugar, toma el micrófono y comienza a darme otra palabra de parte de Dios. Antes de continuar quiero que recuerdes que en el pasado capítulo el Señor me hizo una pregunta, y les dije que me había quedado con la duda de que si había dado una respuesta satisfactoria. El Señor me la contesta por boca de ese pastor.

Ahora continuaré con la próxima palabra que Dios me brindó ese día:

"Hay muchas, pero Dios me traía a la mente siete tipos de risas de manera bíblica. Quizás te ha llegado la incredulidad en algún momento y es algo que nos ha llegado a todos. Te hablaré de una que le llegó a Job a quien, en el momento de la risa, le llegó la aprobación. En el medio de la risa llega la aprobación y hoy Dios te trae la APROBACIÓN sobre tu vida. Dios dijo que ibas a reír y reíste aquí, quiere decir que para Dios eres aprobado por el reino de los cielos, y significa que te llegó la salud sobre tu vida, así que reirás y correrás. Si Dios me trajo esto, es que a Christian le compete esto, así que, en el nombre de Jesús, lo que ya Dios completó en el cielo y lo que vio antes, va a suceder. Vemos aquí una cosa de cómo él se encuentra físicamente y de salud, pero eso no es; siempre mira lo que ya Dios completó en el cielo. Recibe esta aprobación del cielo. Job pasó por muchas cosas, pero, al final, se rio. Eres aprobado, así que ríete, que si estabas triste, llorando y estaban entrando muchas cosas en tus pensamientos, gózate. Testificarás de las grandezas de Dios".

De más está decir que, luego de tan hermosa mañana, salí lleno de unas fuerzas indescriptibles. Dios nunca se apartó de mí y escuchaba mis súplicas, quejas y llanto. No les puedo negar que me sentía tan abrumado e impotente, había perdido todas mis ganas y deseos de luchar y estaba por rendirme. Te digo con toda certeza que Dios escuchará tu ruego, Dios jamás te dejará en el suelo abatido. Un ejemplo es David: *"Inclina, oh, Jehová, tu oído, y escúchame, Porque estoy afligido y menesteroso. Guarda mi alma, porque soy piadoso; Salva tú, oh, Dios mío, a tu siervo que en ti confía. Ten misericordia de mí, oh, Jehová; Porque a ti clamo todo el día. Alegra el alma de tu siervo, Porque a ti, oh, Señor, levanto mi alma. Porque tú, Señor, eres bueno y perdonador, Y grande en misericordia para con todos los que te invocan. Escucha, oh, Jehová, mi oración, Y está atento a la voz de mis ruegos. En el día de mi angustia te llamaré, Porque tú me respondes. Oh, Señor, ninguno hay como tú entre los dioses, Ni obras que igualen tus obras. Todas las naciones que hiciste vendrán y adorarán delante de ti, Señor, Y glorificarán tu nombre. Porque tú eres grande, y hacedor de maravillas; Sólo tú eres Dios".* Salmos 86:1-10

Es importante reconocer que no estamos exentos a que llegue el día de angustia y el día difícil. Es inevitable pasar por malos momentos. La enfermedad, depresión, angustia, sentimiento de soledad, culpa, dudas y muchísimas otras cosas pueden llegar a nuestra vida, lo importante aquí es no alojar la aflicción en nuestro corazón.

"Estas cosas os he hablado para que en mí tengáis paz. En el mundo tendréis aflicción; pero confiad, yo he vencido al mundo". Juan 16:33 En este mundo donde vivimos llegará el momento difícil y oscuro, pero, aun en medio de todo, tenemos que confiar que nuestro Padre ha vencido todo lo que el mundo trae y así poder recibir la paz.

Claramente muchas personas creen que la felicidad proviene por las circunstancias que puedan pasar, pero cuando no obtengo lo deseado por mí, ahí puede llegar la tristeza, la depresión e indirectamente nos volvemos esclavos de nuestra situación. Nuestra alegría y felicidad depende de Dios. Ahora imagina yo no haber tenido a Dios en el momento de angustia, aun confiando en Él, llegó la noche oscura a turbarme, imagina haber recibido esos golpes sin la ayuda y compañía de Dios. Él sabe que pasaríamos por estos momentos difíciles y, mientras escribo estas letras, el mundo está pasando por una pandemia como nunca antes mi generación pensó pasar, y aun, en medio del encierro, he podido ver la mano de Dios manifestarse para con sus hijos. Tenemos que aprender a reconocer que, cuando nuestros recursos se limitan, ahí es que aparece el Dios de los recursos; cuando llega la enfermedad, ahí es que aparece el Dios de la sanidad. En los peores escenarios Dios es experto en cambiar nuestro libreto. Ahora mismo Dios está cambiando tu situación ¿Te diste cuenta? Este libro no llegó a tus manos por casualidad; Dios quiso aumentar tu fe y la aumentará en gran manera. Recuerda algo importante, pase lo que pase y suceda lo que suceda, no pongas tu felicidad de acuerdo con tu situación.

Sé feliz porque Dios mora en ti, porque tienes familia, porque hoy tienes un equipo médico de excelencia mientras hay personas que no poseen la facilidad que tenemos nosotros de tratar nuestras condiciones. *"Regocijaos en el Señor siempre. Otra vez digo: ¡Regocijaos!" Filipenses 4:4.* El concepto regocijaos connota alegría y gozo y claramente dice que lo hagamos en el Señor. De aquí en adelante que tu felicidad dependa de Dios y no de la situación de enfermedad o incertidumbre que estás pasando. Te aseguro que tu vida tomará un giro cuando aprendas de dónde proviene tu felicidad.

"Pero a medianoche, orando Pablo y Silas, cantaban himnos a Dios; y los presos los oían. Entonces sobrevino de repente un gran terremoto, de tal manera que los cimientos de la cárcel se sacudían; y al instante se abrieron todas las puertas, y las cadenas de todos se soltaron". Hechos 16:25-26

Al meditar en esta historia, podemos ver que Pablo y Silas se encontraban en Filipos y, luego de varios días, se encontraron con una mujer llamada Lidia, y, mientras Pablo le hablaba, Dios le abrió su corazón para que atendiera lo que él hablaba y luego fue bautizada. Lidia los invita a su casa y narra las Escrituras, que los obliga a quedarse. Cuando ellos volvían a la oración del día, que era cerca del río, le sale a su encuentro una mujer con un espíritu de adivinación. Esta mujer era esclava y sus amos le sacaban provecho a este espíritu y ganaban mucho dinero por su adivinación. Por muchos días esta mujer seguía a los siervos de Dios diciendo: "Estos hombres son siervos del Dios Altísimo, quienes os anuncian el camino de salvación". Esto ya tenía molesto a Pablo y decide voltearse a ella y reprender el espíritu que cargaba, y, al instante, fue libre. Sus amos vieron que sus ganancias se esfumarían y se molestaron en gran manera y procedieron a prender a Pablo y a Silas. Luego los llevaron a las autoridades bajo mentira y los encarcelaron.

Vemos que Pablo y Silas estaban en una situación complicada y fueron golpeados y encarcelados por traer libertad a un atado. En medio de esta horrible situación, leemos que la historia nos relata en el versículo veinticinco que al llegar la medianoche se encontraban orando y cantando himnos y los demás presos oían. Era un momento en el que estaban adoloridos, porque los habían azotado, pero aun, en medio del dolor, oraban y cantaban. Te aseguro que debieron sentirse mal por el encierro, pero aun, en medio del encierro, oraban y cantaban. Esta es la actitud que nosotros debemos tener en medio de nuestra cárcel (enfermedad o como se llame tu cárcel en este momento); aun estando encerrados, eran libres.

Me llama la atención la hora en que ellos decidieron orar y cantar, las doce de la noche. *"Por la misericordia de Jehová no hemos sido consumidos, porque nunca decayeron sus misericordias. Nuevas son cada mañana; grande es tu fidelidad" Lamentaciones 3:22-23*. Qué gran principio nos enseña la Escritura, y la mañana comienza justo después de la medianoche. Es a esta hora donde tu vida se renueva, y es la hora donde te invito a pedirle dirección a Dios para comenzar tu día. Justo después de la medianoche, es ahí cuando la misericordia de Dios fue renovada, y cuando demostraron que el primer lugar de su día sería Dios y no su circunstancia. Entonces, ahí recibieron la libertad, luego de que un gran terremoto, que sacudió los cimientos de la cárcel, provocó que todas las puertas se abrieran y las cadenas de todos se soltaron. Aun en cautividad ellos adoraban y oraban, y, no solo eso, este verso especifica que los demás presos oían, porque, mientras pasas por la cárcel, encontrarás a otros en situaciones similares a la tuya. Ellos te verán y serás de ejemplo para todos de cómo, aun en medio de la prisión, decides no dejarte llevar por la circunstancia y adoras aun en tu encierro. Tu encierro y cárcel tienen nombre.

Mi cárcel fue un cáncer en etapa cuatro con todos sus efectos secundarios, y la tuya tiene su nombre específico, pero, aun en medio de los barrotes de tu calabozo, adora, alaba, ora y otros tendrán que ver que Dios es contigo. Todas las puertas se abrieron y todas las cadenas se rompieron. Esto significa que no solo Pablo y Silas fueron libres, también, pudieron serlo todos los que estaban presos. Tu oración y adoración en medio de tu cárcel traerá libertad, no tan solo a ti; muchos en tu misma situación gozarán y serán libres. Tu testimonio abrirá puertas y romperá cadenas cuando otros oigan lo que Dios hizo contigo que, aun encerrado igual que ellos, decidiste ser libre. La alabanza y adoración trae libertad, confianza, rompe cadenas y abre puertas.

Hay un poder para ser libre en medio del encierro y te ha sido revelado. Puedes permanecer en el suelo, golpeado, encerrado, triste y destruido por un diagnóstico, o decidirte por abrir tu boca, cambiar el vocabulario de destrucción y muerte por uno de bendición y vida. *"La muerte y la vida están en poder de la lengua, Y el que la ama comerá de sus frutos" Proverbios 18:21.* ¿Qué fruto comerás? ¿Quieres muerte? No hagas nada, sin embargo, si deseas vida, proclama vida. Hoy Dios viene a romper toda cárcel y todo pensamiento que te atormenta. En medio de mi cárcel, pude ver que Dios me escuchó y me hizo libre de toda atadura y pensamientos contrarios. En mi noche oscura clamé a Dios y me hizo libre. Detente aquí y reflexiona. A veces clamamos por un milagro y se nos olvida que vemos un milagro todos los días. El despertar y respirar ya es un milagro. Vamos, no te detengas y lucha por ti, por tu vida y por tu salvación. No te quites, que, muy pronto, todo pasará, y como dice la palabra de Dios: *"Porque esta leve tribulación momentánea produce en nosotros un cada vez más excelente y eterno peso de gloria" 2 Corintios 4:17.* Tu tribulación pasará, acércate a Dios. Te aseguro que, como el luchador que te comenté al comienzo de este capítulo, ese que ya casi no puede mantenerse en pie, pero recibe una segunda oportunidad y un segundo aliento, y vuelve y toma control de la pelea, así serás renovado. Aunque estuviste en el suelo tirado, volverás a estar en pie. Hoy Dios te dice: Sal de la cárcel, yo quiero hacerte libre para que seas APROBADO.

Un "Knockout" por tu bendición

"ROUND" 7
VENCERÁS

Pensando en ese boxeador que se encuentra tambaleándose en el cuadrilátero y no puede sostenerse en pie, solo lo imagino enfocado e intentando cubrirse de los golpes. Ya no cuenta con la fuerza necesaria para levantar las manos y menos aún para lanzar algunos golpes. Ubiquémonos por un segundo en su lugar.

Estamos en el "Round 7", sin fuerzas y agotados, e inmediatamente a nuestra mente comienzan a llegar pensamientos contrarios. Ya sabemos que lo que nos queda de pelea no será fácil, pero, también, sabes en quién has puesto tu confianza. En un comienzo veías la victoria, pero te ha dado tan duro el oponente que, en este momento, ves nublado y se ha empañado el camino. Suena la campana y, mientras el oponente va acercándose, llega la duda y te haces las siguientes preguntas: ¿Podré contra el oponente? ¿Lo lograré? He llegado lejos y no puedo retroceder. De momento el oponente comienza a lanzar golpes y conecta uno directo a ti y caes al suelo. Piensas que todo está terminado, pero dentro de ti hay algo que te levanta e impulsa a mantenerte en pie. Te levantas del suelo y comienzas a caminar, pero sigues sin fuerza y confundido. Los golpes te han aturdido, aunque dentro de ti escuchas una voz que te dice: "Hijo mío pelea un poco más, yo estoy a tu lado". Tu esquina decide llamarte y pedirle a tu médico que revise, y nota que estás profundamente herido en el rostro, y tu respiración ya no es una sincronizada, mucho menos normal. Aun así, decides continuar, porque confías en que, como te dijo tu esquina, VENCERÁS.

No te rindes y sabes que no es momento de seguir en el suelo. Continúas con perseverancia y sales de tu esquina al encuentro con tu oponente. Te enfrentas a tu oponente cara a cara, vuelves y recibes otro golpe que te lastima y caes una vez más. Esta vez fue más fuerte tu caída, pero sabes que los boxeadores no se rinden. Tú eres un guerrero y reconoces que las caídas no determinan tu victoria, al contrario, te hacen más fuerte, y en cada caída decides no permanecer en el suelo. Vuelves a tu esquina y el médico está preocupado por tu situación, pero el entrenador confía en ti y te repite: "Hijo mío resiste y persiste, tu victoria viene de camino".

En las gradas ya muchos han perdido toda esperanza en ti, y aun los que al comienzo alardeaban de que vencerías han cambiado de opinión; otros han abandonado su lugar y te han dado por muerto. Claro, cuando la lucha no les pertenece, ¿qué más da? Solo queda un puñado de personas que confían en que vencerás y sufren junto a ti cada golpe recibido. Aun así, decides continuar y sales al campo de batalla. Inmediatamente comienza otra golpiza, y recibes una avalancha de ganchos que vienen de izquierda y derecha, recibes "jabs" y varios "uppercuts", pero aun así crees en ti y en lo que tu entrenador te decía. Lanzas golpes literalmente para sobrevivir, pero al fin pudiste lanzarlos. Llega un respiro de fe y esperanza acompañado de determinación. Sigues adelante y ahora ves que sí se puede, y que tu perseverancia está rindiendo frutos. Tienes al oponente en la esquina y ahora eres tú quien lo está golpeando, y, aunque cansado, tus fuerzas han aumentado de manera sorpresiva, porque aprendiste a esperar tal y como tu entrenador te pidió. Recuerdas ese verso que mencioné anteriormente: *"Pero los que esperan a Jehová tendrán nuevas fuerzas; levantarán alas como las águilas; correrán, y no se cansarán; caminarán, y no se fatigarán" Isaías 40:31.* Entonces es aquí donde te percatas que la espera que te decía tu entrenador era porque en ella tus fuerzas serían aumentadas y se iría tu cansancio y tu fatiga.

Recuerdas otro verso que anteriormente mencionamos: *"Pero tú aumentarás mis fuerzas como las del búfalo" Salmos 92:10.* Entonces ahí comienza tu lucha de la mano del que prometió victoria y cumplirá. No te rindes y levantarás alas, y aumentarás tus fuerzas, y, aunque no hay un panorama claro, sabes que fuiste entrenado para ser un vencedor. Ahora das golpes certeros y todos comienzan a elogiar tu lucha y a reconocerte como ganador. Todos comienzan a creer en ti, porque ven que renovaste tus fuerzas. Así como al búfalo, nada te detiene y sigues para adelante. Tiras golpes con precisión y, aunque recibes muchos golpes, ya no te están afectando como en un principio. Todo estaba por culminar y tu derrota por llegar, pero se acabó.

Lanzas golpes y comienzas a conectar de manera acertada. El contrincante va a las cuerdas, y tú sigues adelante conectando ganchos de manera efectiva. El panorama comienza a cambiar y estás siendo efectivo en el ataque. Ya no recibes golpes, ahora solo los conectas al oponente, ya no te caes, ahora permaneces en pie. Sigues conectando golpes a la cara del oponente de manera efectiva, y llegas a ser tan efectivo en el ataque que el árbitro tiene que detenerte y tu oponente cae. Atacaste a ese oponente tan y tan fuerte que llegó el momento donde ni ponerse en pie puede, y te convertiste en el ganador del combate. Ahora todo el público presente se pone en pie y comienza a aplaudir, porque te creías que no soportarías y soportaste, resististe y obtuviste la victoria. Tu esquina completa corre y entra al cuadrilátero. El entrenador te carga en sus hombros, y, aunque hay marcas de dolor y sufrimiento, podemos decir que eres un ganador y un vencedor. Jamás dejes de luchar y no te des por vencido.

Un "Knockout" por tu bendición

Esta historia narrada no está muy lejos de la realidad que yo pasé, y seguramente parecida a la batalla que estás pasando. Logré ver de todo. Vi cuando decidí pelear, los que me echaban porras y los que me apoyaban en las gradas. Logré ver cómo muchos decidieron luchar conmigo. Me sentí cansado como te describí a ese boxeador. Llegó el momento donde el dolor me hizo caer y querer permanecer en el suelo. Vi a mi entrenador, Dios, en la esquina junto a su hijo y su espíritu. Cada vez que caía en medio del aturdimiento, podía reconocer en mi esquina esa mirada de amor y misericordia que me convencía para seguir. Me decía aguanta otro poquito más luchando por tu milagro y por tu vida. En ocasiones, cuando me encontraba en el suelo, podía ver a mi Padre en el suelo conmigo, no me juzgaba por mi dolor, no me culpaba, es más, no me obligaba a seguir. ¿Por qué seguí? Seguí por amor a Dios, porque valoraba el sacrificio que hizo en esa cruz, y recordaba que en esa cruz mi enfermedad fue clavada. Vi a mi entrenador confiando en mí, y, aunque muchas veces pedía a gritos su intervención directa, Él solo me decía: "Hijo mío es necesario". Yo le clamaba y Él me decía: "Resiste que ya queda poco".

Esta lucha me enseñó a identificar que no todos los que dicen que te aman, te amarán, y no todos los que están en las gradas esperan que seas vencedor. ¿Dónde está el milagro? El milagro está en el momento que perdí todas las fuerzas y lo reconocí, y Dios me las aumentó tal y como lo hizo con ese boxeador que, cuando todo estaba perdido, recibió esa doble porción de fuerzas renovadas que solo da Dios. A mitad de mi lucha muchos se cansaron y se retiraban, otros tantos me daban por muerto. ¡Pero yo aprendí a confiar en Dios, el que levanta mi cabeza! Y, en el momento más oscuro, pude orar como oraba el salmista David cuando huía de Absalón, su hijo.*"¡Oh, Jehová, cuánto se han multiplicado mis adversarios! Muchos son los que se levantan contra mí. Muchos son los que dicen de mí: No hay para él salvación en Dios. Mas tú, Jehová, eres escudo alrededor de mí; Mi gloria, y el que levanta mi cabeza. Con mi voz clamé a Jehová, Y él me respondió desde su monte santo. Yo me acosté y dormí, Y desperté, porque Jehová me sustentaba. No temeré a diez millares de gente, Que pusieren sitio contra mí. Levántate, Jehová; sálvame, Dios mío; Porque tú heriste a todos mis enemigos en la mejilla; Los dientes de los perversos quebrantaste. La salvación es de Jehová; Sobre tu pueblo sea tu bendición"* Salmos 3:1-9.

Ciertamente a mí no me perseguía literalmente nadie, pero sí clamé a Jehová en mis momentos de angustia. Clamé a voz en cuello por una intervención de Dios y que no me dejara caer ante mi enemigo. No se llamaba Absalón, era cáncer, pero me seguía con la misma insistencia y me hizo pensar, muchas veces, que sería mi final. Pero, como dice esa oración poderosa, muchas veces me acosté, dormía y despertaba, porque Jehová me sustentaba.

Mi Dios, mi entrenador, hirió a mis enemigos en la mejilla, y quebró los dientes a lo que me hacía frente, y llegó la bendición sobre mi vida. Ahora, hay algo muy importante que quiero que aprendas: *"Hermanos míos, ¿de qué aprovechará si alguno dice que tiene fe, y no tiene obras? ¿Podrá la fe salvarle? Y si un hermano o una hermana están desnudos, y tienen necesidad del mantenimiento de cada día, y alguno de vosotros les dice: Id en paz, calentaos y saciaos, pero no les dais las cosas que son necesarias para el cuerpo, ¿de qué aprovecha? Así también la fe, si no tiene obras, es muerta en sí misma. Santiago 2:14-17:"* ¿Cuál es mi obra delante de la fe? Mi fe es creer y confiar, pero mi obra es accionar y moverme. Podía permanecer en el suelo tirado esperando que Dios hiciera según había dicho, pero aquí me doy cuenta de que esa fe sin acción hubiese sido muerta. Dios hará y yo lo creo, pero tengo que poner de mi parte, sacudirme el polvo, levantarme del suelo y seguir tirando los golpes que me corresponden a mí. Mientras yo hago lo humanamente posible, Dios se encarga de lo imposible.

¿Terminó todo? ¿Ahora qué? En los primeros capítulos de este libro, te dije que Dios me había hablado y me había dicho que lo pasaría por completo. Aquí no terminó todo, y, aunque en mi corazón pensé que había terminado todo, aún faltaba más por luchar. Si hay que pasar todo, es todo.

Recuerdo que, para el 1 de diciembre de 2019, una pastora del pueblo de Caguas a quien aprecio, llamada Linette Rivera me dio otra palabra de parte de Dios. Comenzó diciendo que Dios le mostraba cómo un paciente de cáncer recibiría la sanidad. Inmediatamente lo único que recuerdo es que caí al suelo y escuché la voz de la pastora decir: "Dios me dice que han orado mucho por tu sanidad y a Dios le place hoy confirmar que recibirá la sanidad. Hoy 1 de diciembre de 2019 Dios ha hablado."

Dios seguía confirmando, una y otra vez, que me sanaría por boca de muchísimas personas. Había una parte del proceso que me faltaba y tenía que completarla, pero con la diferencia que ahora voy con fuerzas renovadas por la misericordia de Dios.

Mi oncóloga me envía a realizarme lo que se conoce como un "PET scan" o una tomografía por emisión de positrones. Este estudio reflejaría si el tratamiento de quimioterapia fue efectivo. Se supone que me realizaran este estudio antes de comenzar el tratamiento para identificar si en alguna otra parte de mi cuerpo encontraban rastros de cáncer. No obstante, debido a que estaba en un estado muy avanzado, la oncóloga decidió comenzar el tratamiento cuanto antes. La decisión se basó en que entre la aprobación del plan y la espera de resultados podía pasar demasiado tiempo, y se necesitaba comenzar a atacar las células cancerosas de manera urgente.

El estudio se realiza en una máquina de escáner, y requiere el día antes no consumir ciertos alimentos, y luego de cierta hora permanecer en ayuno. Recuerdo que solo pude comer pollo hervido y tomar agua; estaba desesperado y con hambre. Al otro día llego al lugar donde me realizaría el estudio, y la enfermera comienza a prepararme. Ahí le cuento mi historia y todo lo que había pasado. Ella se asombra y solo decía que detrás de todo había un propósito de Dios. Llega mi turno y voy a la máquina. Ella me da las instrucciones entre las que se encontraba no moverme, permanecer tranquilo y me recalcaba que, si me movía, tendría que repetir el estudio. Básicamente permanecí quieto por aproximadamente treinta minutos, a tal nivel que me quedé dormido. Al culminar el estudio ella me recalca que Dios tiene un propósito y me despide.

Luego de unas semanas llega el tan anhelado resultado y arrojó que el cáncer estaba inactivo. La oncóloga me explica que básicamente estoy libre de cáncer y justo ahí mi corazón se acelera, pero inmediatamente me dice: "Lo enviaré a un Radio-oncólogo y él tomará la decisión de cómo continuar contigo. Recuerdo muy claramente que en mi mente comencé a preguntarme ¿por qué tendría que continuar más tratamiento si ya me encontraba sano? Y escucho la voz de Dios que me amonestó y me dijo: "Cállate, que es tu proceso y lo tienes que pasar completo". Por tal razón, no riposté ni pregunté. Me sometí a la voluntad de Dios y reconocí que su voluntad estaba por encima de la mía, y que, pase lo que pase, sería la voluntad de Dios buena, agradable y perfecta.

Acudí con el Radio-oncólogo y él examina todo mi historial y decide, de acuerdo con su experiencia, que yo debía completar sobre veinte sesiones de radioterapia en el tórax, cabeza y cuello. Con mucha valentía acepto el tratamiento y el Radio-oncólogo decide comenzar cuanto antes.

Empezar un tratamiento completamente distinto y saber que es la continuación de mi pelea contra el mismo oponente, en cierto punto crea un poco de incertidumbre a lo nuevo. Las primeras citas eran para coordinar el lugar exacto a recibir radiación, crear una careta de inmovilización para la cabeza, y evitar radiación en lugares no deseados. Es un mundo distinto con sus propios efectos secundarios, pero la lucha sigue siendo la misma. Luego de coordinar todo el tratamiento con los técnicos de radioterapia, comienza la lucha.

Recuerdo ese primer día, llegué a la sala de espera y me mantuve tranquilo y sereno, y a la hora me llaman para comenzar. Entro a un cuarto bastante grande y veo una camilla. Me piden que me quite la camisa y me ponga una bata quirúrgica. Inmediatamente culminó ese proceso de vestirme, me envían a acostarme en la camilla y me colocan el inmovilizador de cabeza que evita que pueda moverla durante todo el proceso. De la pared sale un rayo de luz color rojo y marca a cierto lugar, y ahí comienzan a acomodar la camilla a la altura necesaria y posición requerida. Me dan instrucciones de cerrar mis ojos y de esperar unos minutos. Luego que se retiran del cuarto y sellan la puerta, aquella máquina comienza a girar a mi alrededor, y, en un espacio de tiempo relativamente corto, se detiene y culmina esa primera sesión. No presenté ningún efecto secundario agudo y todo parecía ser mucho más sencillo.

El tratamiento de radioterapia es todos los días excepto fines de semana, que es el tiempo donde algunas células se regeneran. Todos los días por veinte días de ese mes. El próximo día acudí a la misma sala, pero, en medio de todo el proceso, mi cuerpo comenzó a experimentar nuevos efectos secundarios. La piel del área donde me daban la radiación comenzó a cambiar, se tornaba roja, comenzó a pelarse, quemarse, y a presentar picazón, y se irritó demasiado. Empecé a presentar mi cuerpo fatigado y extremadamente cansado, y el peor de todos los efectos secundarios fue la garganta irritada a nivel de que no podía tragar ni mi saliva, porque el dolor y la molestia eran insoportables. En medio del tratamiento conocí unos técnicos que creían en Dios y estaban impactados de cómo, a pesar de todo lo sucedido, yo me mantenía en pie. Por cierto, ellos me daban algunos consejos para poder apaciguar todo el dolor que sentía y muy bien que funcionaron.

A mí me conocían como el muchacho de las camisas y te explicaré el porqué. Siempre que me tocaba asistir a una sesión, iba con una camisa que contenía un mensaje bíblico, y todos tenían que preguntarme qué mensaje les tenía para ese día. A veces pensamos en que para llevar la palabra de Dios tenemos que hablar, y mira qué manera tan poderosa de hacer llegar la palabra de Dios de una manera distinta, pero con un impacto poderoso, al punto que llegaron a preguntarme por el mensaje de Dios para cada día. Aprendí que la presencia se hacía palpable en mí de una forma indescriptible.

En una ocasión fui referido a un psicólogo y ese especialista me vio muy mal emocionalmente, y, a su vez, decide referirme a un psiquiatra. La salud mental y emocional ciertamente son muy afectadas en estos procesos y yo no era la excepción. Recuerdo acudir a mi cita con el psiquiatra y ese día estaba demasiado mal, a nivel que estaba cabizbajo y caminaba muy lento. Al entrar a la oficina, escucho al doctor sollozando e inmediatamente me dice: "Desde que llegaste aquí he podido sentir la presencia de Dios y es algo indescriptible. Dios te envió, porque hace mucho fui sano de unos tumores cerebrales. Llevo unos meses posponiendo mis citas de seguimiento por miedo, ya que tengo los mismos síntomas que aquel entonces.

Estoy huyéndole, pero definitivamente al ver tus estudios, como estás física y emocionalmente, y tu gran fe, me hace aumentar la mía y querer enfrentar lo que venga, pero de la mano de Dios". Todo esto sin yo mediar una sola palabra. En medio de cualquier proceso o enfermedad tenemos que procurar que otros vean a Dios aun sin nosotros hablar.

Mismo contrincante y cuadrilátero. Tenía deseos de terminar y sabía que por fin mi cuerpo tendría un descanso, pero todo era necesario para que hoy tú estuvieras leyendo cada línea de mi testimonio. Siempre que subía a la camilla, mis ojos brotaban lágrimas de poder palpar con mi vida la misericordia de Dios. Contaba los días y decía dentro de mí: "Ya falta poco". Un día, sin saber ya qué día de sesión era, la técnica de radioterapia me dice: "Oye Christian, ¿mañana vienes con tu familia?" Y yo asombrado le respondo: "¿Para qué?" A lo que ella emocionada me dice: "Mañana sonarás la campana y culminarás todo el tratamiento". Emocionado llamo a toda mi familia y les cuento que terminaría, y que podía ir un grupo pequeño a celebrar. Ese próximo día me preparé con una camisa que leía "Cancer Free, Hodgking Lymphoma not included". Ese día tomo mi último tratamiento y llegó la hora de sonar esa campana junto a mi familia. Recuerdo que en cada paso que daba solo pensaba lo bueno que Dios había sido conmigo y lo inmerecedor que soy, pero aun así a

Dios le plugo que yo culminara todo el proceso en victoria. Llegó la hora de sonar la campana, y, aunque pude gritar y reír, decidí hacerlo de una manera más serena, no por mí, sino por las personas que no pudieron sonar esa campana en vida, por todas las personas que vencieron desde otro panorama, y por esos que hoy ya no están. No es fácil, claro que no, pero, por todos los que trascendieron y vencieron en otro ámbito y en otro lugar, y por nosotros que aún permanecemos aquí y somos igual de vencedores, soné esa campana. El cáncer no podrá con nadie. Si, en medio del proceso, decides romper la soledad con oración y cánticos, si tocaste el borde del manto del Padre, si abriste la tumba y sacaste la piedra que te alejaba del milagro, eres vencedor. Unos ganamos aquí en la tierra y otros tantos han partido, pero son igual de vencedores: *"Porque para mí el vivir es Cristo, y el morir es ganancia" Filipenses 1:21.*

La campana sonó y fue el momento más feliz de mi vida. Un proceso culminado y un proceso aprobado, como Dios desde un principio dictaminó.

"No moriré, sino que viviré, Y contaré las obras de JAH". Salmos 118:17:

Repite conmigo en esta hora: "YO VIVIRÉ".

"ROUND" 8
ACTITUD CORRECTA

En medio de cualquier proceso soy de los que creen que debemos tener una actitud correcta. Algo que me ayudó demasiado fue el no apropiarme de la enfermedad y el no ser víctima de mi proceso. Cuando digo que no debemos apropiarnos de la enfermedad, me refiero a que no debemos llamarla como algo que nos pertenece utilizando frases como "mi cáncer", "mi diagnóstico", "mi dolor". Nada de eso nos pertenece. Cuando menciono ser víctimas del proceso, me refiero a que el dolor es tanto que la ansiedad y la incertidumbre nos abruman, que hasta llegamos a creer que Dios se olvidó de nosotros. Nos desquitamos con todos y nos sentimos más mal que cualquier otra persona, y, si alguien nos intenta ayudar o corregir, le hacemos entender que, como ellos no están en nuestros zapatos, no deben hablar ni expresarse.

El boxeador debe tener la actitud de vencedor, aunque su cuerpo, mente y corazón estén siendo atacados. Esto me trae a la memoria muchos encuentros de boxeo donde ya, ante la vista de todos, había un ganador. Solo restaba tiempo para que el boxeador que está perdiendo el combate, ante

Un "Knockout" por tu bendición

la puntuación de los jueces, caiga y así pierda el encuentro. Este boxeador, a pesar de estar perdiendo el combate, posee una actitud correcta y desde lo más interno de su ser conecta a su adversario ocasionando que caiga a la lona y este pierda ante el conteo del árbitro. La victoria de este boxeador no la determinó su técnica o su condición física; esta victoria la determinó su actitud ante el combate. Aunque perdiendo, decidió darlo todo; aunque queriendo dejarlo todo, decidió permanecer; aunque malherido y confundido, siguió confiando y logró obtener la victoria.

Pensando en las Escrituras me percato de la historia de un hombre que te mencionare adelante y te iré mostrando cómo la actitud de este hombre le impedía recibir el milagro.

"¹ Pedro y Juan subían juntos al templo a la hora novena, la de la oración. ² Y era traído un hombre cojo de nacimiento, a quien ponían cada día a la puerta del templo que se llama la Hermosa, para que pidiese limosna de los que entraban en el templo. ³ Este, cuando vio a Pedro y a Juan que iban a entrar en el templo, les rogaba que le diesen limosna. ⁴ Pedro, con Juan, fijando en él los ojos, le dijo: Míranos. ⁵ Entonces él les estuvo atento, esperando recibir de ellos algo" Hechos 3:1-4.

En las Escrituras no se menciona el nombre de este hombre, pero sí su padecimiento, y especifica que era cojo de nacimiento. A este cojo

Un "Knockout" por tu bendición

lo dejaban en la puerta del templo. Cuando analizo, la realidad de este hombre es que, si lo dejaban en aquel lugar todos los días, era porque recibía lo que buscaba, recibía limosna, ¿pero en realidad era lo que necesitaba?

Una puerta, según mi perspectiva, es un hueco en una pared que me hace cambiar de un lugar a otro. Puedo cambiar de un lugar caluroso a uno fresco, de un lugar frío a uno caliente, de un lugar ruidoso a un lugar de silencio. El pasar por una puerta cambia automáticamente mi atmósfera y mi entorno. Siempre que decido pasar por una puerta, tiene que llegar el cambio a mi vida.

Este cojo estaba en el lugar correcto, pero con la actitud incorrecta. Su milagro estaba a pasos, pero él decidía permanecer donde recibía lo que quería, mas no lo que necesitaba. Sin embargo, allí Dios tuvo misericordia de él. Este hombre vio que venía Pedro y Juan, y, esperando recibir algo de ellos, los miró y dice la palabra:

"⁶ Mas Pedro dijo: No tengo plata ni oro, pero lo que tengo te doy; en el nombre de Jesucristo de Nazaret, levántate y anda. ⁷ Y tomándole por la mano derecha le levantó; y al momento se le afirmaron los pies y tobillos". Hechos 3:6-7

Este hombre esperaba recibir lo de siempre, que era su sustento diario, sin embargo, Dios tenía otros planes y era que recibiera la sanidad completa de sus pies, y, por consiguiente, podía buscar por sí mismo su sustento sin depender de nadie. Anhelaba y pedía mal, porque no sabía que Dios lo podía sanar. Lugar correcto, actitud incorrecta.

Dios tuvo misericordia y envió a personas portadoras del don de sanidad; sin embargo, aunque sí puede alguien poner la mano en tu cabeza y tú recibir la sanidad, te tengo una buena noticia y es que Dios puede hacerlo ahora mismo a través de su Espíritu Santo mientras estás leyendo estas líneas. No necesitas a alguien, necesitas del poder de Dios.

"⁸ Y saltando, se puso en pie y anduvo; y entró con ellos en el templo, andando, y saltando, y alabando a Dios. ⁹ Y todo el pueblo le vio andar y alabar a Dios. ¹⁰ Y le reconocían que era el que se sentaba a pedir limosna a la puerta del templo, la Hermosa; y se llenaron de asombro y espanto por lo que le había sucedido". Hechos 3:8-10

Tal vez está determinado científicamente que una persona coja necesita tratamiento y terapias para volver a caminar y aprender en el camino, pero Dios no depende de lo que está establecido en la tierra. Dice este capítulo que saltando se puso en pie, y comenzó a caminar, e inmediatamente sucedió esto, comenzó a alabar. Tu adoración nunca debe basarse en tus emociones o sentimientos, adora a Dios antes, durante y después del desenlace de tu historia. El cojo adoró a Dios y entró al templo con otra actitud, y ahora sí estaba en el lugar correcto, con la actitud correcta.

Para concluir, dice la historia que todos en aquel lugar tenían que ver que este hombre era el que se sentaba a pedir en la puerta, y que ya había recibido su milagro. Tu proceso servirá para testimonio a muchos de que Dios hace hoy como hizo en aquellos tiempos. No es el lugar, no es la forma, no es lo que ves; es tu actitud de fe y agradecimiento la que, en su momento, desatará tu milagro. Hoy digo con toda certeza, convicción y confianza que "si mi sufrimiento, enfermedad y quebranto acerca a otros a Dios y aumenta su fe no sufrí en vano."

"Yo soy la puerta; el que por mí entrare, será salvo; y entrará, y saldrá, y hallará pastos."

Juan 10:9

Un "Knockout" por tu bendición

"ROUND" 9
MI ESQUINA SE EXPRESA

En este tiempo los milagros de Jesús están siendo marcados por la falta de fe y la incredulidad que impera en el corazón del ser humano. La palabra de Dios en Isaías 53:4 dice: *"Ciertamente llevó él nuestras enfermedades, y sufrió nuestros dolores; y nosotros le tuvimos por azotado, por herido de Dios y abatido"*. Los creyentes creemos en esta verdad que sigue vigente hoy.

Tal vez estás sufriendo alguna enfermedad y te preguntas si Dios quiere sanarte. No estás seguro si Él tiene la voluntad para hacerlo. Es posible que te haya ocurrido como a mí, he visto gente ser sanada y, también, he visto a gente que no ha sido sanada. Dios es Soberano y su voluntad es perfecta, aunque no podamos comprenderla.

Cuando conocí a Christian jamás pensé lo poderoso que Dios había hecho en su vida. Doy gracias a Dios por su vida y por su amistad. Si hay una base sólida para creer en los milagros, es la sanidad que Dios hizo en su cuerpo. No hay duda alguna de este milagro, y la evidencia real hoy es que no existe ni la sombra de la enfermedad que atacó su cuerpo.

El milagro de sanidad que Dios hizo en Christian marcará tu vida, marcó la mía, aumentó mi fe para creer en los milagros, alejando de mí toda duda o incredulidad. Hoy afirmo que nada es imposible para Dios. Si crees en Él, todo es posible. Lo único que nos pide Dios es creer.

Tengo la certeza de que su milagro aumentará tu fe para creer que Dios puede sanarte. El tiempo de los milagros no ha terminado. La palabra de Dios nos dice en Mateo 8:16-17: *"Y cuando llegó la noche, trajeron a él muchos endemoniados; y con la palabra echó fuera a los demonios, y sanó a todos los enfermos; para que se cumpliese lo dicho por el profeta Isaías, cuando dijo: Él mismo tomó nuestras enfermedades, y llevó nuestras dolencias"*. Los milagros de sanidad eran una parte importante de las obras que Dios envió a Jesús a hacer en la tierra. Eso no ha cambiado y continuará así hasta que Cristo venga.

A través de este libro "UN KNOCKOUT POR TU BENDICIÓN" tu vida cambiará. El impactante testimonio de sanidad que Dios hizo en la vida de Christian lo hará. No tengo duda. Comprenderás que Jesús llevó en la cruz del calvario toda enfermedad. Eso significa que nada de lo que tienes ahora te pertenece y que su deseo es sanarte. Dios aumentará tu fe para creer en que tu milagro está cerca. Este es el tiempo de mirar a la cruz creyendo que hoy puede ser el día de tu milagro. Yo lo creo. ¿Lo crees tú?

Pastora Wanda I. Benítez Cruz
Iglesia Casa de Dios Sembradores de Esperanza, Inc.

Desde que conocí a mi hermano Christian Muñoz, nuestro Señor Jesús puso realmente en mi corazón un aprecio y admiración a su persona y ministerio. La historia de Christian ha marcado mi vida de una manera poderosa. Siempre he creído que su ministerio será una bendición a muchas vidas en todo el mundo.

Christian & Isabel Trujillo
Pastores en UFC Esperanza de Vida y Algo Más, Inc. y presidentes en Esperanza Radio Ministry

Cuando una persona goza de un buen estado de salud en su cuerpo, este lo manifiesta a través de gozo o alegría, y todas sus áreas en su vida se encontrarán igualmente en buen estado, entiéndase su salud mental, emocional y espiritual. Sin embargo, la salud física puede verse afectada de diferentes maneras, y es ahí el momento en donde le prestamos atención a la sanidad de nuestro cuerpo, y mucho más cuando la enfermedad que afecta nuestro cuerpo es una de carácter catastrófico o de muerte.

Un "Knockout" por tu bendición

Tenemos que entender que hay sanidades que ocurren de forma sobrenatural y que estas son parte de las señales de Dios para manifestar su existencia para la humanidad. Cuando me entero de algún milagro de sanidad que nuestro Señor Dios ha realizado, mi corazón se regocija por varias razones. Una de ellas es ver esas caras de dolor, angustia y sufrimiento ser transformadas en rostros de regocijo, gozo y alegría al recibir su curación. Cada señal de milagros es la evidencia del poder de Dios y este le indica al hombre la necesidad de volverse a él.

Dios siempre se ha interesado en que la humanidad esté sana, la Biblia nos relata, en el Capítulo 5 del Evangelio de Lucas, que, un día, Jesús estaba en un pueblo donde había un hombre con lepra en todo el cuerpo. La lepra era una enfermedad de muerte y que no había cura para esta. Dice el relato bíblico que cuando este leproso vio a Jesús se postró rostro en tierra delante de él y le rogó diciendo: Señor, si quieres, puedes quitarme esta enfermedad. Entonces Jesús extendió la mano, lo tocó y dijo: Sí quiero. ¡Sana ya! En la escritura leemos cómo Jesús demostró bondad, misericordia y amor hacia las personas que estaban enfermas. Claro está, en la Biblia vemos grandes milagros realizados por el Hijo de Dios, como hemos visto en el Capítulo 5 del Evangelio de Lucas. Pero en la actualidad esos milagros continúan realizándose por el poder de Dios, como es el milagro acontecido en

Un "Knockout" por tu bendición

la vida de nuestro hermano Christian Muñoz. Una vida joven, con expectativas, sueños y tantas cosas que puede una persona desear, verse afectada por el diagnóstico de un cáncer. El hablar de cáncer para la mayoría es significado de muerte, no así para los que tienen fe en un Dios de poder y de grandes milagros. El hermano Christian se acercó a Dios, se postró a Él, y con fe le dijo: Señor, si quieres, puedes limpiarme. Yo me imagino al Señor mirándolo y diciendo: "Christian, sí quiero, sé sano".

Este poderoso milagro en la vida de Christian es un acontecimiento real del amor de Dios para con la humanidad. Uno de los propósitos del Señor Jesucristo, a través de estas señales milagrosas, es salvar a la humanidad y que acepten su invitación para que se vuelvan a él. Como lo hizo con él, lo puede hacer en ti.

Pastor Danny López Rivera
Casa Adoración Renuevo de Vida

El día que escuchamos el testimonio de Christian, escuchamos un hombre lleno de fe, que le creyó a Dios y Él lo honró. Fue impactante ver cómo, en medio de ese proceso, Christian no se enfocó en lo que estaba viviendo, sino que se aferró a las promesas de Dios y pudo ver el milagro manifestarse. A través de este milagro, Dios mostró, una vez más, su soberanía y que no hay nada imposible para los que creen. Damos gracias a Dios por su amistad y por su vida. Desde España le bendecimos y veremos la expansión de su ministerio.

Ministerio Internacional Maná del Cielo www.tabernaculouniversalsenderodeadoracion. com

      Hombre de testimonio, con marcas y grandes vivencias. Soy testigo de su depósito, entrega, pero sobre todo PASIÓN. Hombre de familia, buen padre y gran servidor de Jesucristo. Sé que este libro que nació en el corazón de Dios, para el nuestro, llenará cada espacio de nuestra vida y miraremos las grandezas de Dios cuando Él determina mostrar su poder en el ser humano. Mi oración junto con su siervo Christian es que el Espíritu Santo convenza, ilumine, abrace, construya, edifique, restaure, reedifique, y, sobre todo, alcance salvación a todos aquellos que darán lectura a esta gran obra maestra de Dios.

Pastor Israel Díaz Vega
ICAP Bezaleel

      Los procesos de la vida ayudan a formar en nosotros el carácter de un vencedor. Un vencedor no es uno que no ha sido herido, golpeado ni maltratado, sino todo lo contrario. Es uno que, a pesar de todo lo enfrentado, muestra sus cicatrices como la evidencia y señal de su victoria. Aquel que, a pesar de los contratiempos vividos, tuvo la valentía suficiente como para hacerle frente a sus gigantes. Y no que nunca sintiera temor, sino que, a pesar del temor, salió, peleó y venció. David es uno de los personajes bíblicos sobrepredicados, pero con mucha razón. Toda su vida es una enseñanza para los valientes que Dios llama a pelear. En el Capítulo 17 del primer libro de Samuel, David se encuentra hablando con el Rey Saúl acerca de su adversario, el gigante Goliat. David habla de salir a pelear con él, aunque personalmente nunca ha estado en la milicia, ni en ninguna guerra, pero nada de ello lo descalifica para su asignación en la tierra. La versión bíblica Reina Valera del 60 dice que David le contesta a Saúl que, *"...cuando venía un león, o un oso, y tomaba algún cordero de la manada, salía yo tras él, y lo hería, y lo libraba de su boca..."*. Por más poderoso que puede sonar eso, más apoteósico es saber lo que su versión original en hebreo declara. David le dice al rey que *"en el mismo campo donde venció al oso y al león, es el mismo campo donde vencerá al gigante."* La declaración del joven pastor de ovejas es tan poderosa, pues afirma que el lugar donde su adversario presente lo desafía es el mismo lugar donde venció a sus adversarios pasados, y que hará con él de la misma manera en que hizo con ellos, pues los osos y leones eran su entrenamiento personal.

    Dios nunca te enviará a tus asignaciones futuras de forma incompleta, y mucho menos te enviará a pelear, sin haber entrenado anteriormente.

Es por eso por lo que todas las experiencias de vida fueron, son y serán utilizadas por Dios para capacitarte para tu propósito en la tierra.

Partiendo de este pensamiento tengo toda la certeza de que las aflicciones, pruebas y desiertos de mi amigo Christian han sido las sesiones de entrenamiento para vencer al gigante que se le puso de frente. Y como Dios no lo envió desequipado, ni descalificado, sino, todo lo contrario, fortalecido y preparado, pudo darle un "knock-out" al diagnóstico médico.

Tengo toda la certeza de que este libro ha de ser una herramienta de formación de fe para el Cuerpo de Cristo. Todo creyente debe entender que hay esperanza aun en las noches más oscuras de la vida, y que toda prueba y enfermedad tiene fecha de caducidad. Este libro que hoy tienes en tus manos despertará en ti la fe que necesitas para salir a pelear con la seguridad y convicción de que ya la victoria es tuya. Asume una ACTITUD DE FE y hazles frente a tus gigantes.

Michael Santiago
Autor & Escritor de:
- ➤ EN LOS ZAPATOS DEL EVANGELISTA
- ➤ TOMA TU LECHO & ANDA
- ➤ HÁGASE TU VOLUNTAD
- ➤ TÚ PUEDES HACERLO

"ROUND" 10
ESCRIBE TU FINAL

Este es un espacio en el que plasmarás el final de tu historia y tu petición delante de Dios. No importa el diagnóstico o situación, escríbelo con fe de que Dios obrará.

¹ Respondió Job a Jehová, y dijo:

² Yo conozco que todo lo puedes,

Y que no hay pensamiento que se esconda de ti.

Job 42: 1-2

_____

_____

_____

_____

_____

_____

_____

_____

_____

_____

_____

_____

Un "Knockout" por tu bendición

"ROUND" 11
ORO POR TI

Es la oración la manera directa para comunicarse con Dios. En medio de mi proceso, pude orar y meditar todo el día en su Palabra. Sé que conoces a alguien pasando por alguna situación difícil, y te brindo esta herramienta para que escribas los nombres de las personas que sabes que están sufriendo un quebranto y cada noche los presentes en oración.

14 ¿Está alguno enfermo entre vosotros? Llame a los ancianos de la iglesia, y oren por él, ungiéndole con aceite en el nombre del Señor. 15 Y la oración de fe salvará al enfermo, y el Señor lo levantará; y si hubiere cometido pecados, le serán perdonados.

Santiago 5:14-15

_____
_____
_____
_____
_____
_____
_____
_____

Un "Knockout" por tu bendición

Para invitaciones, peticiones de oración o comunicarse con el Evangelista Christian Muñoz lo puede hacer a través de:

Página de Facebook: Evangelista Christian Muñoz.

Numero de contacto: 1-787-210-2726

Correo Postal: Paseo Santa Bárbara 138 Paseo Esmeralda Gurabo P.R. 00778

Made in the USA
Columbia, SC
14 December 2024